CASAS REFUGIO
PRIVATE RETREATS

Editorial Gustavo Gili, S. A.

08029 Barcelona Rosselló, 87-89. Tel. 322 81 61
México, Naucalpan 53050 Valle de Bravo, 21. Tel. 560 60 11

REFUGIOS

Gustau Gili Galfetti

CASAS

PRIVATE RETREATS

Agradecimientos/*Acknowledgements*

Agradezco a todas aquellas personas que con su colaboración han contribuido de una u otra forma a que la realización de este libro fuera posible. Ante la imposibilidad de hacer mención explícita a todas ellas, quisiera expresar mi gratitud a todos los arquitectos, o descendientes de éstos, así como a las fundaciones o archivos relacionados con su obra. Asímismo, agradezco los valiosos consejos de Ignasi de Solà-Morales.

I would like to thank all the people who have helped, one way or another, in making this book possible. Since it is not possible to name them all individually, I would like to thank all the architects, or their descendants, and the foundations and archives associated with their work. I would also like to thank Ignasi de Solà-Morales for his valuable advice.

Diseño de la cubierta/*Cover design:* Eulàlia Coma s.c.p.
Traducción al inglés/*English Translation:* Graham Thomson/Duual S.L.

Las fotografías de la cubierta corresponden a las siguientes casas: refugio Marquand de Miller/Hull, casa Chamberlain de Breuer/Gropius y casa de fin de semana de Eugeen Liebaut./*The cover photographs correspond to the following houses: Marquand retreat by Miller/Hull, Chamberlain cottage by Breuer/Gropius and week-end house by Eugeen Liebaut.*

Ninguna parte de esta publicación, incluido el diseño de la cubierta, puede reproducirse, almacenarse o transmitirse de ninguna forma, ni por ningún medio, sea éste eléctrico, químico, mecánico, óptico, de grabación o de fotocopia, sin la previa autorización escrita por parte de la Editorial. La editorial no se pronuncia, ni expresa ni implícitamente, respecto a la exactitud de la información contenida en este libro, razón por la cual no puede asumir ningún tipo de responsabilidad en caso de error u omisión.

All rights reserved. No part of this work covered by the copyright hereon may be reproduced or used in any form or by any means —graphic, electronic, or mechanical, including photocopying, recording, taping, or information storage and retrieval systems— without written permission of the publisher. The publisher makes no representation, express or implied, with regard to the accuracy of the information contained in this book and cannot accept any legal responsibility or liability for any errors or omissions that may be made.

© Editorial Gustavo Gili, S.A., Barcelona 1995

Printed in Spain
ISBN: 84-252-1651-6
Depósito legal: B. 35.756-1995
Impresión: Grafos, S.A. Arte sobre papel

ÍNDICE

8 No sólo es cuestión de dimensiones

ENSAMBLAR

20 Rudolph M. Schindler. Cabaña para A. (Gisela) Bennati, Lago Arrowhead, California (EE UU), 1934-1937
22 Gerrit T. Rietveld. Prototipo, 1937
24 Rudolph M. Schindler. Casa para Ellen Janson, Hollywood Hills, California (EE UU), 1949
26 Le Corbusier. Le Cabanon, Cap Martin, Roquebrune (Francia), 1950
30 Kristian Gullichsen. Moduli, sistema constructivo experimental (Finlandia), 1968-1973
36 Gerald Maffei. Tin House, Bryan, Texas (EE UU), 1981-1982
42 Herzog & De Meuron. Casa en madera contrachapada, Bottmingen (Suiza), 1984-1985
46 Cristián Cirici / Lluís Gascón. Casa-refugio en Port de Sant Miquel, Ibiza (España), 1985
50 Architrope. Casa y estudio, Canaan, Nueva York (EE UU), 1989-1990
54 Sverre Fehn. Casa experimental, Mauritzberg Manor, Norrkoping (Suecia), 1992

ENMARCAR

60 Le Corbusier. Villa Le Lac, Corseaux-Vevey (Suiza), 1923
62 J. J. P. Oud. Casitas de vacaciones estandarizadas para la Beye & Co., Renesse (Holanda), 1933
64 J. Ll. Sert / J. Torres Clavé. Casas de fin de semana en Garraf, Barcelona (España), 1935
68 Gio Ponti. Una pequeña casa ideal, 1939
70 Philip Johnson. Casa Philip Johnson, Cambridge, Massachusetts (EE UU), 1942
74 Pino Pizzigoni. Casa unifamiliar mínima, Bergamo (Italia), 1946
76 Edward Cullinan. Casa Marvin, Stinson Beach, California (EE UU), 1960
80 Peter Willmott. Casa para un artista, Hobart (Tasmania), 1989

DEPOSITAR

82 Marcel Breuer / Walter Gropius. Casa Chamberlain, Wayland, Massachusetts (EE UU), 1941
84 Paul Rudolph. Casa Healey (Cocoon House), Siesta Key, Sarasota, Florida (EE UU), 1948-1949
88 Harry Siedler & Associates. Casa Rose, Turramurra, NSW (Australia), 1950
90 Paul Rudolph. Casa Walker, Canibel Island, Florida (EE UU), 1952-1953
92 Norman Foster (Team 4). Cockpit Gazebo, Pill Creek, Cornualles (Inglaterra), 1964
96 J. Manuel Gallego. Vivienda en la isla de Arosa, Galicia (España), 1977-1982
100 Glenn Murcutt. Casa para dos artistas, Glenorie, Sydney (Australia), 1980-1983
106 Toyo Ito & Associates. Casa en Magomezawa, Funabashi, Chiba (Japón), 1985-1986
110 Eugeen Liebaut. Casa de fin de semana cerca de Aalst (Bélgica), 1987-1988
114 James Jones. Garden Room, The Waterworks, Hobart (Tasmania), 1989
118 Toshiaji Ishida. Casa en el monte Fujiyama, Susono, Shizuoka (Japón), 1990-1992
122 Miller / Hull. Refugio Marquand, Yakima Valley, Washington (EE UU), 1992

CAMUFLAR

126 Le Corbusier. Casa de fin de semana, La Celle, Saint-Cloud, París (Francia), 1935
128 Frank Lloyd Wright / Eifler & Associates. Seth Peterson Cottage, Mirror Lake, Wisconsin (EE UU), 1958/1992-1993
132 Aris Konstantinidis. Casa de vacaciones, Anavyssos (Grecia), 1962
138 Eduardo Souto de Moura. Casa en Baîao (Portugal), 1991-1993

144 Créditos fotográficos

CONTENTS

8   Not just a question of dimension

ASSEMBLY

20   Rudolph M. Schindler. Cabin for A. (Gisela) Bennati, Lake Arrowhead, California (USA), 1934-1937
22   Gerrit T. Rietveld. Prototype, 1937
24   Rudolph M. Schindler. House for Ellen Janson, Hollywood Hills, California (USA), 1949
26   Le Corbusier. Le Cabanon, Cap Martin, Roquebrune (France), 1950
30   Kristian Gullichsen. Moduli, experimental construction system (Finland), 1968-1973
36   Gerald Maffei. Tin House, Bryan, Texas (USA), 1981-1982
42   Herzog & de Meuron. Plywood house, Bottmingen (Switzerland), 1984-1985
46   Cristián Cirici / Lluís Gascón. Refuge-house in Port de Sant Miquel, Ibiza (Spain), 1985
50   Architrope. House and studio, Canaan, New York (USA), 1989-1990
54   Sverre Fehn. Experimental house, Mauritzberg Manor, Norrkoping (Sweden), 1992

FRAMING

60   Le Corbusier. Villa Le Lac, Corseaux-Vevey (Switzerland), 1923
62   J. J. P. Oud. Standardised holiday homes by Beye & Co., Renesse (Holland), 1933
64   J. Ll. Sert / J. Torres Clavé. Week-end houses in Garraf, Barcelona (Spain), 1935
68   Gio Ponti. A little dream house, 1939
70   Philip Johnson. Philip Johnson house, Cambridge, Massachusetts (USA), 1942
74   Pino Pizzigoni. Minimal detached house, Bergamo (Italy), 1946
76   Edward Cullinan. Marvin House, Stinson Beach, California (USA), 1960
80   Peter Willmott. House for an artist, Hobart (Tasmania), 1989

SITING

82   Marcel Breuer / Walter Gropius. Chamberlain Cottage, Wayland, Massachusetts (USA), 1941
84   Paul Rudolph. Healey House (Cocoon House), Siesta Key, Sarasota, Florida (USA), 1948-1949
88   Harry Siedler & Associates. Rose House, Turramurra, NSW (Australia), 1950
90   Paul Rudolph. Walker House, Canibel Island, Florida (USA), 1952-1953
92   Norman Foster (Team 4). Cockpit Gazebo, Pill Creek, Cornwall (England), 1964
96   J. Manuel Gallego. House on Arosa Island, Galicia (Spain), 1977-1982
100 Glenn Murcutt. House for two artists, Glenorie, Sydney (Australia), 1980-1983
106 Toyo Ito & Associates. House in Magomezawa, Funabashi, Chiba (Japan), 1985-1986
110 Eugeen Liebaut. Week-end cottage near Aalst (Belgium), 1987-1988
114 James Jones. Garden Room, The Waterworks, Hobart (Tasmania), 1989
118 Toshiaji Ishida. House on Mount Fujiyama, Susono, Shizuoka (Japan), 1990-1992
122 Miller / Hull. Marquand shelter, Yakima Valley, Washington (USA), 1992

CAMOUFLAGE

126 Le Corbusier. Week-end house, La Celle, Saint-Cloud, Paris (France), 1935
128 Frank Lloyd Wright / Eifler & Associates. Seth Peterson Cottage, Mirror Lake, Wisconsin (USA), 1958/1992-1993
132 Aris Konstantinidis. Holiday house, Anavyssos (Greece), 1962
138 Eduardo Souto de Moura. House in Baîao (Portugal), 1991-1993

144 Photographs

"...Lo veloz y lo estridente han eliminado casi por completo a lo lento y lo sereno. Lo grande y lo ruidoso han ahogado a lo pequeño y lo tranquilo...

...Lo que antes constituía una posibilidad corriente —escapar de la multitud en la privacidad y en el descanso— hoy ha desaparecido casi por completo...

...A los salteadores y forasteros del pasado se han agregado pillos, psicópatas, estafadores y vendedores ambulantes, todos de apariencia igualmente respetable, provistos de ropas y automóviles corrientes...

...Como si la protección contra los verdaderos salteadores no fuera suficiente problema, el hombre moderno tiene que resolver la cuestión, infinitamente más difícil, de enfrentarse con otra clase mucho más numerosa de intrusos, cuyas voces estridentes e imágenes borrosas hieren sus oídos y danzan ante sus ojos a través de parlantes y pantallas...

...¿Dónde reside entonces la fuente de descanso, concentración, contemplación, introspección y saludable sensualidad que conducen a la intimidad, la ternura, la delicia y el placer?...

...El encanto por lo pequeño ha dado lugar al culto por lo divertido; la indiferencia se ha convertido en desprecio...

...La atención se centra, en gran medida, sobre elementos secundarios sobrevalorados: los discos más recientes, el récord en una carrera, el edificio más alto o las luces más intensas, «la primera vez», el disparo de más largo alcance, el ruido más estridente, la mayor audiencia, la muchacha más bonita, la fortuna más grande...

...Más y más se convierte en menos y menos, y la mera repetición cuantitativa de acontecimientos individualmente estimulantes anula, en definitiva, la eficacia de éstos. El caleidoscopio de brillantes colores gira hasta alcanzar el monótono gris de la rueda cromática..."

"...The fast and the high-pitched have all but obliterated the slow and relaxed. The large and loud have overwhelmed the small and quiet...

...What was once a commonplace —the possibility of escape from the crowd for privacy and rest— has all but vanished....

...And the robbers and strangers of the past have been joined by hoodlums and psychopaths, confidence men and salesmen, all seemingly equally respectable, turning up in standard clothes and standard cars...

...As though protection against the actuality of direct assault were not problem enough, modern man has the infinitely more difficult problem of dealing with the other and more numerous intruders whose loudspeaker voices and multifarious noises ring in his ears and whose blurred images on the screen dance before his eyes...

...Where is the provision for relaxation, concentration, contemplation, introspection, healthy sensuousness, all of which are conducive to intimacy, tenderness, wonder and delight?...

...The charm of the small has been transformed into the cult of the cute; indifference has become contempt...

...Attention is focused largely on the conspicuous dramatic inessentials: the new records, the fastest race, the highest building, the brightest lights, "the first time", the farthest shot, the loudest noise, the biggest audience, the prettiest girl, the largest fortune...

...More and more becomes less and less, and mere quantity and repetition of individually stimulating events kills their effectiveness. The kaleidoscope of brilliant colors spins into the monochrome grey of the color wheel..."

Christopher Alexander / Serge Chermayeff
*In search of the small Comunity and Privacy,
Towards a New Architecture of Humanism,*
Doubleday & Company, Inc. 1963. *(Comunidad y privacidad,*
Ediciones Nueva Visión S.A.I.C., Buenos Aires, 1975)

NO SÓLO ES CUESTIÓN DE DIMENSIONES
NOT JUST A QUESTION OF DIMENSION

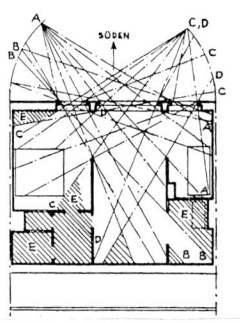

Diagrama de iluminación solar completa y máximo aprovechamiento de rayos solares de Alexander Klein

Diagram by Alexander Klein showing full solar illumination and maximum advantage from the sun's rays

Pevsner introdujo *An outline of European Architecture* (*Esquema de la arquitectura europea*) (1) con un famoso aforismo: «El cobertizo para una bicicleta es un edificio; Lincoln Cathedral es una pieza de arquitectura», implicando cierta línea divisoria entre edificación funcional y arquitectura con atractivo estético. Parece existir una relación que podríamos denominar escalar, a partir de la cual el tamaño, la escala o el contenido del elemento arquitectónico que se aborda son un requisito imprescindible para una mejor y más significada arquitectura. Desde aquí se abre una reflexión de la arquitectura doméstica que parte de lo pequeño. Esta voluntad de redescubrir lo pequeño no es una elección meramente dimensional. Las pequeñas casas unifamiliares, fruto de un encargo individualizado, son uno de los pocos campos de experimentación privilegiado que nos quedan para observar de cerca los sueños domésticos de sus habitantes y la capacidad creadora de sus arquitectos, logrando así una arquitectura que actúa de nexo entre el hombre y la naturaleza.

Alexander Klein, a través de sus escritos (2), difundió la preocupación social de muchos arquitectos del siglo XX para dignificar la vivienda obrera. El *existenz-minimum* se basaba principalmente en defender unos mínimos necesarios sobre ciertos parámetros conmensurables (radiación solar, iluminación natural, ventilación, número de servicios higiénicos, etc.) para lograr cierto nivel de habitabilidad.

Desde una posición social muy distinta y en un contexto histórico anterior, Catherine Beecher (3) elogiaba, en su tratado para jóvenes amas de casa de «medios moderados», las reducidas

Pevsner, in his introduction to An Outline of European Architecture *(1) wrote the memorable phrase: "A bicycle shed is a building; Lincoln Cathedral is a piece of architecture," implying a certain dividing line between functional buildings and architecture endowed with aesthetic charm. A relationship seems to exist which we might call scaling, on the basis of which the size, scale and content of the architectural element in question are essential requisites for a more meaningful and better architecture. The debate about domestic architecture which takes the small as its starting point commences here. This drive to rediscover the small is not a merely a choice concerning dimensions. Small family houses, the product of a private commission, constitute one of the few fields of privileged experimentation to observe at close quarters how the domestic dreams of their occupants and the creative capacity of their architects combine to achieve an architecture which acts as a nexus between man and nature.*

In his writings, Alexander Klein (2) expressed the social concern of many 20th century architects who strove to dignify workers' homes. Existenz-minimum was mainly based on a defense of certain necessary minimums together with commensurable parameters (solar radiation, natural illumination, ventilation, the number of lavatories, etc.) in order to achieve a certain level of habitability.

From a very different social position and an earlier historical context, Catherine Beecher, (3) in her essay for young housewives with modest means, praised the reduced size of the home as contributing to greater comfort. Talking about the disadvantages of a large house, she wrote, "The table, kitchen materials and utensils, the fridge and the living room are so far away from each other that half your time and energy are

Cabañas primitivas y el origen de la arquitectura según Chambers

Primitive cabins and the origin of architecture, according to Chambers

dimensiones de la vivienda como argumento para lograr un mayor confort. La desventaja de una casa grande, escribía, era que «las mesas, los materiales y utensilios de cocina, el fregadero y el comedor están tan lejos que la mitad del tiempo y de la fuerza se destinan a ir y volver de un lugar a otro para recoger y volver a poner en su sitio los artículos utilizados».

No se trata aquí de exponer los logros del *existenz-minimum*, no por ello menospreciables, ni de realizar una lectura de la casa mínima basada en el análisis del confort, sino más bien, de hacer hincapié en otros aspectos, quizá más abstractos, que convierten la casa en un factor decisivo para la búsqueda de la felicidad del ser humano.

Precisamente todos estos aspectos son los que aquí, en las viviendas mínimas unifamiliares, pueden aflorar con más claridad que en otras realizaciones arquitectónicas, debido a la naturaleza del encargo: la simplicidad del programa, la proximidad entre arquitecto y cliente, el breve tiempo que separa idea y ejecución y la menor complicación de trámites burocráticos y financieros. Dentro del panorama arquitectónico, estas casitas son lo que algunos podrían calificar de «género menor» al igual que se diría de los cortometrajes en el campo cinematográfico, de los cuentos en el mundo de la narrativa o de las obras de pequeño formato en el terreno de las artes plásticas y, como todos estos casos, conllevan una serie de cualidades que sus «hermanos mayores» no tienen.

spent coming and going from one place to the next to get things and put them back where they belong after they have been used."

It is not our intention here to describe the, not inconsiderable, achievements of Existenz-minimum, nor to provide a reading of the minimum house based on an analysis of comfort, but to draw attention to other aspects, perhaps more abstract ones, which make the house a decisive factor in people's search for happiness.

These are precisely the aspects which can be best appreciated with minimal dwellings, in contrast with other sorts of architecture, as a result of the nature of the commission: the simplicity of the programme, the closeness of architect and client, the short time between having the idea and carrying it out and the relative ease of the bureaucratic and financial formalities. Within the architectural panorama, these houses can be classified as lesser works in the same way as shorts are in the cinema industry, short stories are in comparison to the novel and small format works are in the plastic arts. And like them too, they display a variety of qualities which their "big brothers" do not have.

The primitive cabin

Throughout the history of architecture, there have been numerous definitions of 'house'. In all the definitions which endow the house with something more than four walls and a roof, the words symbol, myth, dream and happiness appear again and again. When these definitions attempt to establish a historic origin, recourse is made to the words shelter, abode, hut, den, and cabin and always with reference to primitive architecture, anonymous architecture or popular architecture. The idea of the archetypal, original first house is as present in the thoughts of modern

La personificación de la Arquitectura y la cabaña primitiva según Laugier

The personification of Architecture and the primitive cabin, according to Laugier

Cabañas primitivas y el origen de los órdenes según Milizia

Primitive cabins and the origin of the orders, according to Milizia

La cabaña primitiva

Las múltiples definiciones sobre la casa son y han sido a lo largo de la historia de la arquitectura muy frecuentes. En todas esas definiciones que sitúan a la casa como algo más que un suelo y un techo aparecen reiteradamente términos como símbolo, mito, sueño o felicidad. Cuando esas definiciones intentan establecer un origen histórico se remiten a términos como cobijo, morada, choza, cubil o cabaña, referidas siempre a la arquitectura primitiva, a la arquitectura anónima o a la arquitectura popular. La idea de la primera casa, arquetipo y origen, está presente en el pensamiento de los arquitectos modernos tanto como en el de los tratadistas y teóricos de la arquitectura de todos los tiempos. Tal como demuestra Joseph Rykwert (4), la cabaña primitiva —el hogar del primer hombre— no es una preocupación incidental de los teóricos ni un ingrediente casual de mitos o rituales. El retorno a los orígenes implica siempre repensar lo que se hace habitualmente. La cabaña primitiva ofrece un patrón a cualquiera que se preocupe por el edificio en general y por la casa-refugio en particular.

Vitruvio (5), quizás el primero, aunque sólo sea porque no nos ha llegado ningún documento escrito anterior, habla sobre la choza primitiva como la derivación del fuego protegido en su capítulo «De la vida de los hombres primitivos y de los principios de la Humanidad, así como del origen de los edificios y sus progresos». En 1678, el obispo Juan Caramuel de Lobkowitz (6), al tratar sobre los orígenes de la arquitectura, es de los primeros autores en hacer referencia a las viviendas de los amerindios y los esquimales, reuniendo materiales tomados de los misioneros y los libros de

architects as it is in those of essay-writers and architectural theorists throughout the ages. As Joseph Rykwert (4) demonstrates, the primitive cabin, home to the first man, is not an incidental concern of theorists nor is it by mere chance a part of myth or ritual. A return to the roots always implies rethinking what is usually done. The primitive cabin provides a model for anyone interested in buildings in general and the private retreat in particular.

Vitruvius (5) was perhaps the first—albeit merely because no previous document has survived—to talk of the primitive hut as being derived from protected fire in his chapter, "On the life of primitive man and the origins of humanity, buildings and their development".

Writing about the origins of architecture in 1678, and drawing on material gathered by missionaries and available in books on travel, Bishop Juan Caramuel de Lobkowitz (6) was one of the first writers to refer to the dwellings of the American Indians and Eskimos.

In 1753, Abbot Marc-Antoine Laugier (7) defined the ideal "cabane rustique" in which the supporting structure for the simple protective cover should be the columns, leaving the partition and exterior walls free of load.

Most of the theorists of the 17th, 18th and 19th centuries, such as Claude Perrault, Francesco Milizia, Jacques François Blondel, William Chambers, Antoine Chrysosthôme Quatremère de Quincy, Gottfried Semper, Eugene Emmanuel Viollet-le-Duc and J.N.L. Durand consider the primitive cabin when they discuss the origins of architecture. There is, therefore, an evident interest in the house as a refuge as the first manifestation of architectural expression.

Reconstrucción ideal de una casa inglesa de la Edad de Hierro en el Museo de construcciones de Avoncroft, Worcestershire

Reconstruction of an Iron Age house in England in the building museum in Avoncroft, Worcestershire

Viviendas en Vegaviana, Caceres (España), 1954, José Luis Fernández del Amo

Dwellings in Vegavania, Cáceres (Spain), 1954, José Luis Fernández del Amo

viajes. En 1753, el abad Marc-Antoine Laugier (7) define la «cabane rustique» ideal, donde la estructura de soporte de la simple cubierta protectora debe realizarse a través de las columnas, dejando exentas de carga particiones y muros de cerramiento. La mayoría de los tratadistas de los siglos XVII, XVIII y XIX, como Claude Perrault, Francesco Milizia, Jacques François Blondel, William Chambers, Antoine Chrysosthôme Quatremière de Quincy, Gottfried Semper, Eugene Emmanuel Viollet-le-Duc, o J. N. L. Durand desarrollan el tema de la cabaña primitiva al establecer los orígenes de la arquitectura. El interés por la casa-refugio como primera expresión arquitectónica es pues un hecho evidente.

La arquitectura popular

La recuperación de modelos domésticos de la arquitectura popular o anónima ha sido algo muy frecuente desde antiguo. Con cierto pintoresquismo, la reina Maria Antonieta mando construir en Versalles, junto al palacio, el pequeño «Hameau». Se trata de una construcción inspirada en la arquitectura campesina, con molino incluido, donde poder alejarse de la mundana vida de palacio y disfrutar de los placeres de otro estilo de vida más sencillo y más «humano». Este interés por la arquitectura popular, como un campo de especulación para un romanticismo formal de marcado talante esteticista (8), un código lleno de alegorías fotogénicas, ha sido constante al plantearse la casa-refugio. La arquitectura de los arquitectos se ha utilizado como modelo privativo de una determinada clase, mientras la arquitectura popular, como un subproducto que la imaginación del pueblo, lleno de recursos y artificios ele-

Popular architecture

The recovery of domestic models of popular or anonymous architecture has been a very frequent phenomenon since ancient times. It was with this kind of nostalgia, that Queen Marie Antoinette ordered her little "Hameau" to be built next to the palace in Versailles. The inspiration for the building is agricultural architecture, including a wind mill, where it was possible to get away from mundane palace life in order to enjoy the pleasures of a simpler, more "human" style of life. This interest in popular architecture, like a field of speculation for formal and markedly aesthetic romanticism, a code replete with photogenic allegory, has been a constant factor when planning a private retreat. Architect's architecture has been used as a private model for some, while popular architecture, as a by-product of the popular imagination—full of resources and artificial elements—has taken on a keener edge in the face of necessity and the poverty of natural resources. However, "cultured architecture", and popular architecture, are not opposed. There are many examples of architects who have sought models from cabins and huts from the field of popular architecture on which to base the designs for their private retreat and they have done so without the result becoming a kitsch stereotype. If we consider Chamberlain Cottage by Marcel Breuer and Walter Gropius, we can see how the country houses of New England, with their stone chimneys suggested a series of possibilities to them concerning vernacular construction based on a timber framework which has made this one of the major works of American architecture despite its modest proportions. In the sixties, and very much in accord with the writings of Christopher Alexander and "architecture without architects", popular architecture assumed a special importance among architects who were

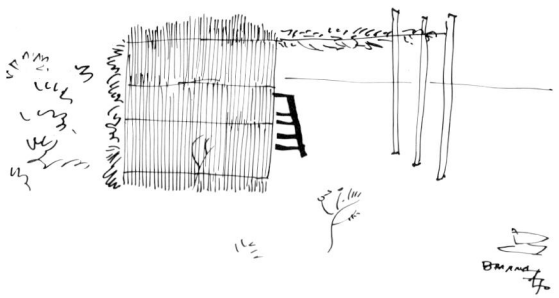 

Cabañas anónimas griegas dibujadas y fotografiadas por Aris Konstantinides

Anonymous Greek cabins drawn and photographed by Aris Konstantinides

mentales, ha agudizado ante la necesidad y dentro de la penuria de unos medios materiales. Sin embargo, «arquitectura culta» y arquitectura popular no están reñidas. Numerosos son los ejemplos de arquitectos que al plantearse la casa-refugio han buscado en las chozas o cabañas de la arquitectura popular un modelo sin llegarlo a convertir en un estereotipo *kitsch*. Si observamos el Chamberlain Cottage de Marcel Breuer y Walter Gropius veremos como las casas de campo de Nueva Inglaterra, con sus chimeneas de piedra, les sugirieron una serie de nuevas posibilidades relacionadas con la construcción vernácula a base de un entramado de madera, que la han convertido en una de las mayores obras de la arquitectura americana a pesar de sus modestas proporciones. En la década de los años sesenta y muy en consonancia con los escritos de Christopher Alexander y la «arquitectura sin arquitectos», la arquitectura popular toma una especial importancia entre los arquitectos que se plantean el tema de la arquitectura doméstica. Así, por ejemplo, Aris Konstantinidis, al proyectar la casa mínima en el Cabo Sunion, se inspira claramente en las construcciones anónimas griegas, a las que dedica un minucioso estudio (9). No sólo se utilizan los modelos de la arquitectura popular como fuente «no contaminada» sino que de ella también surgió la pasión por la autoconstrucción contemplada como un mecanismo alternativo, como la posibilidad de otorgar una mayor felicidad al habitante de la casa-refugio, basada en la satisfacción que puede producir el levantar los propios muros, es decir, la autosuficiencia.

Posteriormente, la arquitectura popular ha seguido ejerciendo cierto protagonismo, en cuanto a modelo se refiere, pero

considering the problems posed by domestic architecture. For example, Aris Konstantinidis, when planning a minimal house in Cape Sunion, was clearly inspired by anonymous Greek constructions and devoted a detailed study to them (9). Not only are models from popular architecture used as a "non-contaminated" source, but they also provide a springboard which gives flight to the passion for a do-it-yourself approach to construction which is conceived as an different way of providing greater happiness to the Inhabitant of the private retreat; a happiness based on the satisfaction to be gained from building one's own walls; in other words, from self-sufficiency.

Since then, popular architecture has continued to exercise its influence as a model, but a change in emphasis can be discerned. Domestic models and the visual qualities popular houses lost their interest. It is now the vernacular industrial model which is extrapolated to the domestic situation. There are many examples of private retreats built in the eighties which are inspired by industrial premises, stables or agricultural constructions and which form part of a quest to find a "non-designed" design.

"Human scale" architecture

As Le Corbusier claimed, the territory delimited by the walls of a house is the extension of a person's body and it is only by depending exclusively on body and mind that mankind can achieve the illusion of total liberty. The house is a fortified body, it is one's armour. Aldo Rossi claimed that the little house, cabin or beach hut was formed or deformed according to place and people and that nobody could do away with or substitute this private, almost unique character which associates them

Cúpulas autoconstruidas a finales de la década de los años 60 en la Ciudad marginal, Trinidad (EE UU)

"Home-made" domes at the end of the sixties in the shanty town, Trinidad (USA)

Le Cabine dell'Elba, Aldo Rossi, 1975

Le Cabine dell'Elba, Aldo Rossi, 1975

se denota un cambio de aproximación. Ya no interesan tanto los modelos domésticos ni el plasticismo de las casitas populares. Son los modelos industriales vernáculos los que se extrapolan a situaciones domésticas. Numerosas son las casas-refugio de la década de los años ochenta en las que naves industriales, establos o construcciones agrarias son la base del proyecto, buscando en ellas diseños «no diseñados».

Arquitectura a «escala humana»

Como afirmaba Le Corbusier, el territorio acotado por las paredes de la casa es la extensión del cuerpo del individuo y dependiendo únicamente de su cuerpo y su mente, el hombre puede alcanzar la ilusión de libertad total. La casa es el cuerpo fortalecido, el armazón del mismo. Aldo Rossi citaba que la casita, cabaña, caseta de playa, se conformaba y deformaba según el lugar y las personas, y nada podía eliminar o sustituir en ella ese carácter privado, casi singular, de identificación con el cuerpo, con el desnudarse y el vestirse (10).

La casa-refugio se ha descrito como la arquitectura más humana precisamente por esta condición de protección del cuerpo; es la arquitectura que ofrece espacios íntimos, recogidos y protectores.

Interior: introverso y extroverso

Esos espacios íntimos, recogidos y protectores deben incluir cierto programa. Debido a las reducidas dimensiones de la casa-refugio, las distintas funciones que deben ubicarse se sobrepo-

with the body, with taking one's clothes off and getting dressed. The private retreat has been described as the most human form of architecture precisely because of its status as protection for the body. It is the architecture which provides intimate, secluded and protective space.

Introvert and extrovert interiors

These intimate spaces, secluded and protective, should follow a certain programme. Since space is limited in the private retreat, the different functions often overlap. There are many solutions in which interiors imitate ship's cabins or caravans. Great resourcefulness and ingenuity have to be used to take maximum advantage of the space available and this implies the design of very versatile furniture such as folding tables which can be used as beds, seating which doubles up for storage space, thick partitions which can be used as wardrobes and stairs which have overlapping steps to save floor space. The Pizzigoni house in Bergamo, where an attempt has been made to take the fullest advantage of every square centimetre, is a clear example of this. An ingenious section shows how the underside of the bed in the attic is used to make space for the dining-room table on the floor below.

The combination of different functions in a minimum space can be achieved with resourceful ingenuity but the overlapping of functions can lead to a sensation of claustrophobia. To combat this, there are a variety of frequently used devices such as movable partitions and the projection of the interior space towards the exterior. When Le Corbusier was designing his mother's house, he first defined a rigorous functional programme, a veritable "machine for living in", and then he gave shape to it within 62 m^2 in which the beds could be hidden and the partition walls

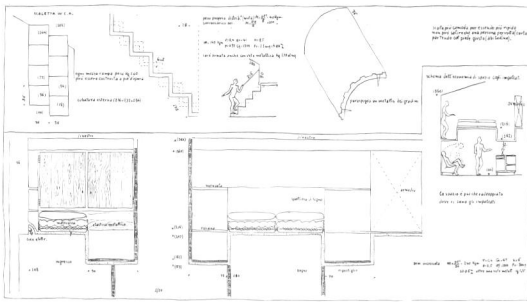

Detalles de la casa mínima unifamiliar en Bergamo (Italia) de Pino Pizzigoni, 1946

Details of the minimal house in Bergamo (Italy), by Pino Pizzigoni, 1946

nen en muchas ocasiones. Numerosas son las soluciones en las que el interior de la casa se resuelve desde una aproximación similar a la cabina de un barco o al interior de un remolque. Agudizar el ingenio para aprovechar al máximo el espacio disponible lleva a proyectar un mobiliario muy versátil, como por ejemplo, mesas abatibles y convertibles en camas, bancos que sirven de baules, tabiques gruesos para utilizarlos de armarios, escaleras que compensan sus peldaños para reducir espacio en planta, etc... El interior de la casa de Pizzigoni, en Bergamo, es un claro ejemplo de esta actitud en la que se intenta rentabilizar hasta el último centímetro cuadrado. Una ingeniosa sección nos demuestra como el bajo de la cama del altillo es aprovechable para dar cabida a la mesa comedor del piso inferior.

La incorporación de las distintas funciones en un espacio mínimo llega a resolverse con ingeniosas artimañas. Sin embargo, este posible abigarramiento podría producir una sensación claustrofóbica. Para hacerle frente, existen una serie de recursos comunes como son la flexibilidad de las particiones o la extensión del espacio interior hacia el exterior. Cuando Le Corbusier proyectó la casa para su madre, primero definió un riguroso programa funcional, una verdadera «máquina de vivir» y luego le dio forma en 62 m^2 en donde las camas podían ocultarse, los tabiques eran móviles de modo que desde la zona de recepción se ofrecía una perspectiva de 14 m y abrió una ventana de 11 m de longitud con vistas al lago.

La fluidez espacial del interior hacia el exterior no es sólo un mecanismo proyectual para agrandar el espacio interior. Preci-

could be moved to enlarge the reception area to 14 metres with an 11 metre wide window commanding a view of the lake.

The spatial flow of the interior towards the exterior is not only a projectural mechanism for making the inside seem larger. It is precisely through this perception of the exterior that the protective qualities of the private retreat can be discerned. The private retreat allows its inhabitants to participate passively, like a bird-watcher hidden in the woods, in the surrounding natural scenery while, at the same time feeling protected from it in such a way that the house becomes a vantage point looking out onto an ideal world, a "heaven on earth". These openings onto the outside world vary from large glass surfaces, as exemplified by Philip Johnson's house in Cambridge, to little peepholes like fortress windows, which is the case with the transparent dome on Eugeen Liebaut's house.

There is, therefore, in a house, a dichotomy between the will to encompass and participate in the outside world and the essential condition of affording protection and comfort. This introvert/extrovert duality sometimes results in the division of the private retreat into two constructions: one closed, stone and tectonic and the other, open and light in wood and steel. This is clearly expressed in the Seth Peterson Cottage by Frank Lloyd Wright and the house by Edward Cullinan in California. On other occasions, the exterior skin express this double condition, as exemplified by the Healey house by Paul Rudolph which has folding shutters which can be turned into awnings, and those of Cristián Cirici's house in Ibiza which make the house a box which can easily be opened or closed.

Casa de Philip Johnson en Cambridge, Mass. (EE UU), 1942

Philip Johnson's house in Cambridge (Mass). (USA), 1942

samente a través de esta percepción exterior uno siente las cualidades protectoras de la casa-refugio. Con la misma intención que un observador de pájaros se esconde en el bosque, la casa-refugio permite que su habitante participe pasivamente de la naturaleza que le rodea y a la vez se sienta protegido de ella, convirtiéndose la casa en el mirador de un mundo ideal, de un «paraíso en la tierra». Estas aberturas hacia el exterior varían desde grandes superficies acristaladas como en la casa de Philip Johnson, en Cambridge, hasta una pequeña mirilla a modo de ventana en una fortaleza como es el caso de la cúpula transparente de la casa refugio de Eugeen Liebaut.

En la casa existe pues una dicotomía entre la voluntad expansiva y participativa con el entorno y la condición *sine qua non* de protección y abrigo. Este binomio extroversión/introversión se traduce en ocasiones en la división de la casa refugio en dos construcciones: una pétrea, tectónica y cerrada y otra en madera o acero, ligera y abierta. El Seth Peterson Cottage, de Frank Lloyd Wright, o la casa de Edward Cullinan, en California, ilustran con claridad esta dualidad. En otras ocasiones son los cerramientos exteriores los que expresan esta doble condición, como por ejemplo se observa en las persianas abatibles y convertibles en toldos de la casa Healey, de Paul Rudolph, o en el refugio en Ibiza, de Cristián Cirici, que convierten a la casa en una caja que puede abrirse y cerrarse fácilmente.

Exterior: nature and artifice

As mentioned above, it is not possible to have an appreciation of the private retreat without taking into consideration the place where it is located, or at least, the dialectic which it establishes with the terrain on which it stands.

The choice of location is a decisive factor. It is no accident that most of the sites chosen are idyllic spots in the heart of the coutryside. Just as Adam had his cabin in Paradise, various personalised earthly versions of Paradise are sought to locate the private retreat. Lakes, woods, rivers, headlands and green rolling meadows are the locations most frequently chosen.

We find, in these 'idyllic' settings, a variety of attitudes varying from integration with the natural world, to formal opposition between the natural and the artificial. Looking through a romantic lens, we find Le Corbusier's house in Saint Cloud and that of Rudolph M. Schindler where the thick foliage of the trees covers the houses like a second roof. Eduardo Souto de Moura's reconstruction of the ruin in Baiao, half sunk in the ground, is camouflaged by the landscape in such a way that it is not the trees' foliage which acts as a second skin but the landscape itself.

The same respect or admiration for the surrounding landscape can lead to completely different responses. There are many private refuges which have been designed as artificial objects, little built gems. A frequent, almost necessary, result of the formal opposition between the natural and the artificial, is the elevation of the house as an object. Such constructions, while always aiming not to alter the unspoilt natural surroundings, can be executed in different ways. In 1935, Alfred Lawrence Kocher and Albert Frey placed the Harrison house on stilts. In 1950,

Casa Harrison, Kocher & Frey, 1935

Harrison house, Kocher & Frey, 1935

Casa Farnsworth, Mies van der Rohe, 1945-1950

Farnsworth house, Mies van der Rohe, 1945–1950

Exterior: naturaleza y artificio

Como ya se ha mencionado, no es posible apreciar la casa-refugio sin considerar el lugar en el que ésta se sitúa, o por lo menos, la dialéctica que se establece con el terreno sobre el que se implanta.

La elección del lugar es un factor decisivo. No es casualidad que la mayoría de los emplazamientos se produzcan en un marco en plena naturaleza, una naturaleza pretendidamente «idílica». Si Adán tenía su cabaña en el Paraíso, la casa-refugio busca posibles materializaciones personales del Paraíso en la tierra para situarse. Lagos, bosques, ríos, cabos que se adentran en el mar y verdes praderas ondulantes son paisajes que aparecen reiteradamente.

Al situarse dentro de este marco «idílico», encontramos posturas que varían desde la integración hasta la oposición formal entre lo natural y lo artificial. Bajo el prisma de cierto romanticismo, hallamos implantaciones como la casita de Le Corbusier, en Saint Cloud, en la cual el espeso follaje de los árboles del bosque arropa las casas, ejerciendo de segundo techo. La reconstrucción de la ruina en Baîao, de Eduardo Souto de Moura, se camufla en el paisaje quedando semienterrada, de modo que no es ya el follaje de los árboles el que actúa de segunda piel sino el propio terreno.

El mismo respeto o admiración por el paisaje circundante lleva a posturas totalmente contrarias. Muchas son las casas refugio que se plantean como objetos artificiales, como pequeñas joyas constructivas. Cuando la oposición formal entre lo natural y lo artificial es el camino elegido, ocurre a menudo que la elevación de la casa-objeto sobre el terreno es casi una consecuencia intrínseca.

Mies van der Rohe conceived the Farnsworth house as being elevated above the ground on which it was constructed. In 1949, Marcel Breuer and Walter Gropius placed Chamberlain Cottage on a large masonry wall. Many architects have opted one way or another for elevation: Paul Rudolph, Arne Jacobsen, Harry Siedler, Glenn Murcutt, James Jones, Jacques Herzog and Pierre de Meuron and Eugeen Liebaut to name but a few. This policy is the result, not only of the will to mark out a very defined area for architectural intervention, thereby reducing any possible doubt about where the building starts and finishes, but also of the attempt to provide intimacy and security by providing a protective space to shield against possible danger in a manner similar to that of the tree house in the forest.

Occasionally, these artificial objects, foreign to their surroundings, are sited in such a way that they do not appear to be elevated but, on the contrary, have embedded themselves into the terrain like a meteorite fallen from heaven. This is the case, for example, with Cockpit by sir Norman Foster (Team X) which is reminiscent of a pillbox or the remains of an aviation accident or, as Paul Virilio said of the bunker (11), is something which is anachronistic in times of normality. During peacetime, it looks like a survival machine, like the remains of a submarine which has run aground.

This selection of 20th century private retreats is limited, partial and incomplete. The choice made is an attempt to show the various approaches from the 1920s to the present day and the existence of recurrent themes. The authors of these "lesser works" are, for the most part, architectural maestros of this century and their work has been supplemented with more recent contributions by younger architects. Their geo-

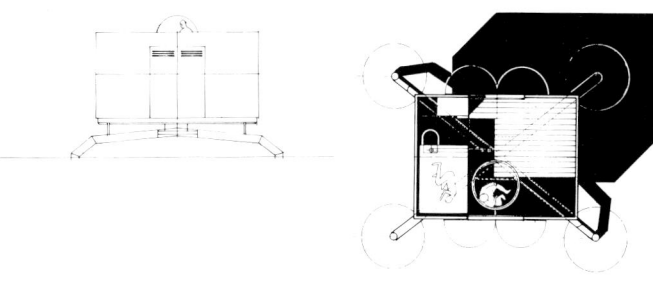

Casa de fin de semana cerca de Aalst (Bélgica), Eugeen Liebaut, 1987-1988

Week-end house near Aalst (Belgium), Eugeen Liebaut, 1987–1988

Bunker militar, fotografía de Paul Virilio

Military bunker, photograph by Paul Virilio

Esta elevación, siempre con la voluntad de no alterar la naturaleza «virgen», se produce de distintos modos. En 1935, Alfred Lawrence Kocher y Albert Frey dispusieron la casa Harrison sobre una estructura palafítica. En 1949, Marcel Breuer y Walter Gropius situaron el Chamberlain Cottage sobre un gran muro de mampostería. En 1950, Mies van der Rohe proyectó la casa Farnsworth levitando sobre la topografía en que se halla. Muchos son los arquitectos, Paul Rudolph, Arne Jacobsen, Harry Siedler, Glenn Murcutt, James Jones, Jacques Herzog & Pierre De Meuron, Eugeen Liebaut, que han optado por una u otra forma de elevación al plantearse sus casas-refugio. Esta posición no sólo obedece a una voluntad de marcar un campo de actuación arquitectónico muy acotado —reduciendo posibles dudas sobre dónde empieza y dónde termina el artificio— sino de ofrecer seguridad e intimidad, distanciándose del posible «peligro», al igual que ocurre con una cabaña construida sobre las ramas de los árboles en plena selva.

En ciertas ocasiones estos objetos artificiales, extraños al mundo que les rodea, no son depositados con la intención de que parezcan levitar, sino todo lo contrario: se insertan en el terreno como si de un meteorito caído del cielo se tratase. Este es el caso, por ejemplo, del Cockpit, de sir Norman Foster (Team X), que recuerda un punto de vigía militar, el resto de una catástrofe aérea o como decía Paul Virilio sobre el bunker (11), anacrónico en períodos de normalidad, en tiempos de paz aparece como una máquina de supervivencia, como los restos de un submarino varado en una playa.

graphical and cultural context is very wide (Europe, America, Asia, Oceania) and shows that interest in the private refuge is universal insofar as it responds to one of people's most deeply felt and primitive urges and that it is not the product of interests which are to a greater or lesser extent local.

The projects have been assembled according to four guiding principles: assembly, framing, siting and camouflaging, which, in a way, represent the conclusion to this brief introduction. These, non-exclusive, guiding principles identify the most important characteristic for each case. "Assembly" encompasses those works, usually constructed in wood, which conform to a certain kind of architecture. "Framing" includes works with more traditional construction techniques where one of the main aims is to partition an area or command a particular view. The remaining two principles, "siting" and "camouflaging", are more concerned with actions related to the dialectic between nature and artifice.

Esta selección de casas-refugio del siglo XX es limitada, parcial e incompleta. La elección pretende mostrar distintas aproximaciones desde los años veinte hasta la actualidad, denotando la existencia de temas recurrentes. La autoría de estas «pequeñas obras» pertenece en su mayoría a «grandes» maestros de la arquitectura de este siglo, intercalándose con algunos trabajos más recientes de jóvenes profesionales. El contexto geográfico y cultural donde se sitúan es muy amplio (Europa, América, Asia y Oceanía) demostrando que el interés por la casa-refugio es universal en cuanto que es uno de los asentamientos más primitivos del ser humano y no un producto de intereses más o menos locales.

La presentación de estos proyectos se articula a través de cuatro conceptos guía: Ensamblar, Enmarcar, Depositar y Camuflar, que de algún modo son la conclusión de esta breve introducción. Estos conceptos guía, no excluyentes, señalan la característica más relevante en cada caso. «Ensamblar» engloba aquellas obras en las que la construcción (normalmente en madera) genera una arquitectura determinada. «Enmarcar» incluye obras realizadas con sistemas constructivos más tradicionales, en las que acotar un espacio o unas vistas representa uno de los objetivos principales. Los dos últimos, «Depositar» y «Camuflar» son conceptos o mejor dicho acciones relacionadas con la dialéctica entre la naturaleza y artificio.

1 Pevsner, Nikolaus. *Esquema de la arquitectura europea.* Ediciones Infinito, Buenos Aires, 1977. *(An outline of European Architecture.* Penguin Editions 1943).

2 Klein, Alexander. *Vivienda mínima 1906-1957.* Editorial Gustavo Gili, S.A. Barcelona 1980. (Mazzota editore, Milano, 1975).

3 Beecher, Catherine y Harriet. *The American Woman's Home.* J.B. Ford, Nueva York 1869.

4 Joseph Rykwert. *La casa de Adán en el Paraíso.* Editorial Gustavo Gili, S.A., Barcelona 1974. *(On Adam's House in Paradise. The idea of the primitive hut in architectural history)*

5 Vitruvio, M. Vitruvius per Jucundem solito Castigator factus, Venecia, 1511 (*Diez libros de arquitectura,* Col. «Fuentes del arte» Editorial Akal, Madrid, 1992; *Vitruvius on Architecture,* London-Cambridge, Mass. 1931).

6 Caramuel de Lobkowitz, Juan. *Architectura civil Recta y Oblicua considerada y dibuxada en el templo de Jerusalem.* Vigevano, 1678. Madrid, Turner Ed.

7 Laugier, Marc-Antoine. *Essai sur l'architecture.* París 1753.

8 Fernández Alba, Antonio. *La arquitectura de los márgenes.* Sumarios 38, Buenos Aires, 1979.

9 Konstantinidis, Aris. *God-built. Landscapes and houses of Modern Greece.* Crete University Press, Atenas/Athens, 1994.

10 Rossi, Aldo. *Autobiografía científica.* Editorial Gustavo Gili, Barcelona, 1984 (*A Scientific Autobiography,* MIT Press, 1981).

11 Virilio, Paul. *Bunker Archéologie.* Les Editions du Demi-Cercle. París, 1991.

Rudolph M. Schindler

**Cabaña para A. (Gisela) Bennati,
Lago Arrowhead, California (EE UU)
1934-1937**

El objeto de este proyecto era el de realizar un refugio dentro de un bosque de pinos cerca de un lago, donde pasar el verano. La existencia de una construcción de cubierta plana se utiliza como cimentación sobre la que se construye una estructura de pórticos triangulares de madera. Son precisamente estos pórticos los que dan forma y organizan el espacio interior de esta cabaña. La confianza que Schindler deposita en ellos, como elemento generador del espacio, es una muestra de su búsqueda por llegar a la espacialidad arquitectónica a través de los sistemas constructivos. Un gusto por el trabajo en madera, por las uniones entre distintas piezas constructivas, está presente en cada uno de los simples ensamblajes de esta estructura.

La sala de estar se sitúa en un extremo a doble altura y posee una fachada acristalada en un testero. Por un lado, un alero horizontal se extiende hacia el bosque.

El mobiliario diseñado para esta casa presenta muchas coincidencias con la propia casa. La mesa, los bancos y la mesa del comedor son paralelos a la diagonal de la estructura en A de los pórticos. La estructura de la mesa se fija a la estructura de la cabaña, y cuando una se dobla la otra también. Los pies de las sillas obedecen a la misma geometría de los pórticos. Los materiales del mobiliario y la casa son los mismos.

*Cabin for A. (Gisela) Bennati,
Lake Arrowhead, California (USA)
1934-1937*

The aim of this project was to build a refuge in a pine wood, near a lake. An existing, flat-roofed building was used as the foundations, on which a structure of triangular porticoes was built. It is precisely these porticoes that organize and give form to the interior of this cabin. The confidence that Schindler places in them as an element to generate space is an example of his quest to achieve architectural space through methods of construction. A feeling of pleasure from worked wood, and from the joints between the different structural elements, is present in each of the assemblies in this structure.

The living-room is situated at one end of the cabin, is split-level and has a glazed facade in one wall. On one side, a gable-end projects towards the wood.

The furniture designed for this house presents many coincidences with the house itself. The table, the benches and the dining-table are parallel to the diagonal of the "A" structure of the porticoes. The structure of the table is dependent on the structure of the cabin, and when the shape of one changes, so does that of the other. The feet of the chairs conform to the same geometry as the porticoes. The materials used in the furniture and the house are the same.

Planta baja, planta primera y secciones transversales

Ground floor, first floor and transverse sections

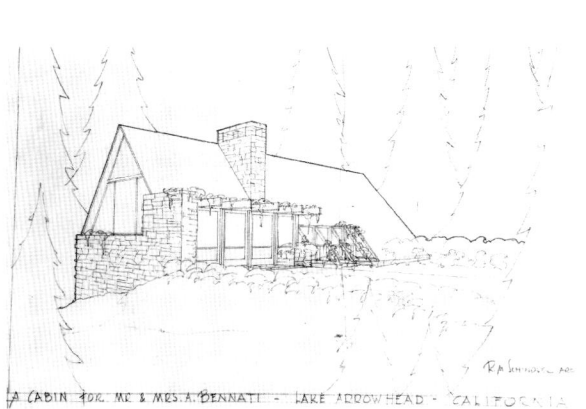

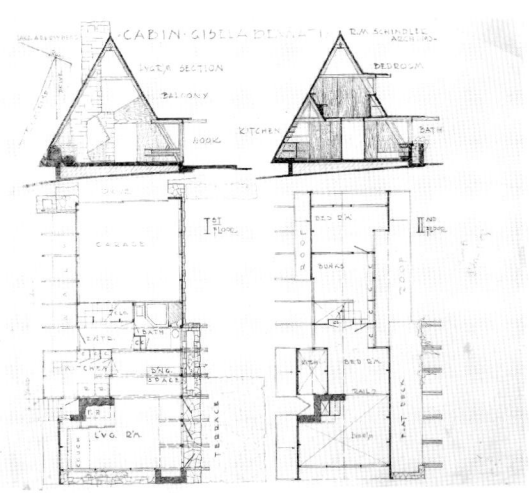

Gerrit T. Rietveld

Prototipo
(con T. Schröder-Schräder) 1937

La casa que Rietveld diseñó para D. van Ravensteyn-Hintzen y J. Gaarenstroom en 1934-1935 fue seguramente el principio de esta idea: proyectar una casa de verano en madera para producir en serie, que al igual que su mobiliario realizado con cajas de madera podía utilizarse como un «ready-made». Una iniciativa original para la época.

El proyecto se preparó cuidadosamente. Se instalaron postes publicitarios y se publicaron unos folletos. En la feria de otoño de 1937 en Utrecht se presentó un prototipo. Por el precio de mil «guilders», incluidos montaje y acabados, se podía ser propietario de una casita de veraneo. Se ofrecía un servicio adicional para gestionar el permiso de construcción. Existía un modelo de serie de planta poligonal de doce caras y diámetro de 7,40 m. Un segundo modelo de planta octogonal y diámetro de 5 m podía obtenerse a través de un pedido. El primero tenía una sala de estar, dormitorio con ducha y una cocina, con un total de seis camas.

Rietveld logró un pequeño y agradable espacio de perímetro afacetado con ventanas a todo su alrededor. A pesar del interés que suscitaron estas viviendas, no se construyó ninguna, debido a que la normativa edificatoria no permitía construcciones semipermanentes.

Prototype
(with T. Schröder-Schräder) 1937

The house that Rietveld designed for D. van Ravensteyn-Hintzen and J. Gaarenstroom in 1934-1935 was, without doubt, the origin of the following idea: to design a wooden house for mass-production which, together with its furniture, also formed from wooden boxes, could be used as a "ready-made" house. An original initiative, for the time.

The project was carefully prepared. Publicity was posted and leaflets were published. A prototype was presented at the autumn 1937 Utrecht trade fair. For the price of one thousand guilders including assembly and finishes, one could be the owner of a little summer-house. An additional service was offered to obtain the building permit. There was one production model with a polygonal floor-plan, twelve sides and a diameter of 7.40 m. A second model, with an octagonal floor-plan and a diameter of 5 m. was available on request. The former had a living-room, bedroom with shower and kitchen, and slept six.

Rietveld achieved a small, pleasant space, completely surrounded by a façade of windows. Despite the interest that these dwellings aroused, none were put up. Building regulations prohibited semi-permanent constructions.

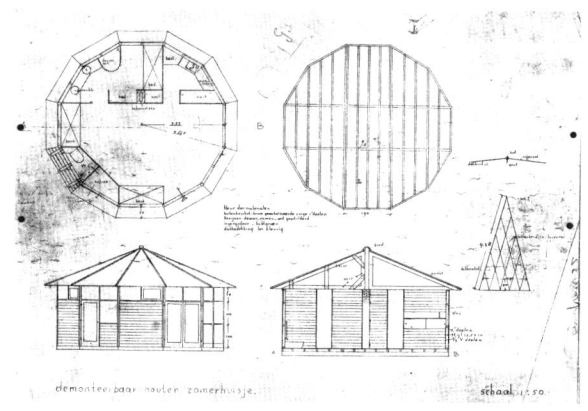

Planta funcional, planta constructiva del forjado, alzado y sección del modelo poligonal de doce caras

Installation plan, working drawing for the floor-slab, elevation and section of the twelve-sided poygonal model

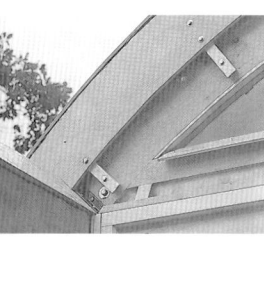

Rudolph M. Schindler

Casa para Ellen Janson,
Hollywood Hills, California (EE UU), 1949

El cliente, Ellen Janson, escribió sobre su encuentro inicial con Schindler:

«Siempre quise vivir en el cielo. Entonces conocí a un arquitecto del espacio. El arquitecto me preguntó: "¿Qué le parecería una casa como una tela de araña?" "Sí, me gustaría, porque no ocultaría la visión del cielo. Pero ¿cómo piensa colgar esa tela de araña?" "En los colgadores del cielo", me respondió.»

Esta pequeña casa situada en un terreno de acusada pendiente es una obra clave en la carrera de Schindler, en la cual la búsqueda de una espacialidad arquitectónica basada en los medios constructivos fue una constante. La estructura es toda de madera y las distintas piezas se van ensamblando con absoluta tranquilidad, tal como demuestra el parecido entre la imagen de la maqueta y la fotografía de la casa construida. La utilización de paneles de fibra de vidrio translúcidos es también una muestra del interés de Schindler por conseguir una fluidez espacial mediante la comprensión de los medios más concretos: los sistemas constructivos.

House for Ellen Janson,
Hollywood Hills, California (USA), 1949

The client, Ellen Janson, wrote of her first encounter with Schindler,

'I had always wanted to live in the sky. Then I come to know a space architect. The architect asked me, "How would you like a house of cobwebs?"

"Yes, I should love it, for they wouldn't shut away the sky at all. But how would you hang up the cobwebs?"

"On sky-hooks", he said.'

This little house, built on a steep slope, is a key work in Schindler's career, in which the search for an architectonic speciality based on construction methods was a constant theme. The structure is entirely of wood, and the different parts are joined together with absolute ease, as demonstrated by the similarity between the picture of the model and the photograph of the finished house. The use of translucent glass-fibre panels is another sample of Schindler's interest in achieving a special fluidity through an understanding of the most specific means: the methods of construction.

Vistas de la maqueta, plantas baja y piso y sección

Views of the model, ground floor and first floor and section

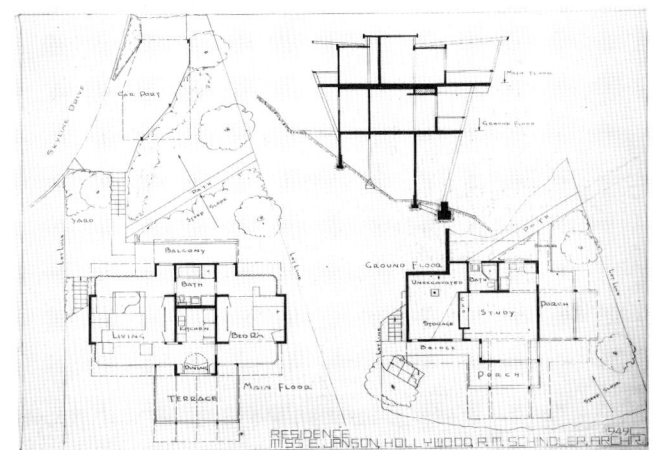

25

Le Corbusier

**Le Cabanon, Cap Martin,
Roquebrune (Francia), 1950**

Los planos de esta cabaña de 16 m² fueron un regalo de cumpleaños de Le Corbusier a su mujer.

El programa, consistía en una única sala donde, sin tropezar con maletas y cañas de pescar, pudiesen dormir dos personas (en camas separadas), asearse, resguardarse durante las horas de calor en verano o en los días lluviosos de invierno, entregarse a los placeres de la lectura, de la escritura o del dibujo, disfrutando a la vez de magníficas vistas.

Una vez definido un volumen habitable condicionado por la existencia de otras edificaciones anexas, se dividió una zona de acceso (70 x 366 cm) y una única sala (366 x 366 cm) donde se disponen tres áreas funcionales: reposo en la parte posterior, circulación en la zona centro junto a la entrada y el estar en la parte anterior.

Los elementos de mobiliario (sillas, mesas, camas...) son los componentes espaciales del interior que permiten distinguir estas particiones o límites dentro del volumen habitable. Un trazado regulador en espiral de planta cuadrada relaciona el interior con el exterior, donde el pasillo de entrada es el principio de esta dinámica que continúa con la disposición de las ventanas cubriendo puntualmente un recorrido de 270 grados, ofreciendo distintas vistas. Esta disposición en espiral resume la doble condición introversa/extroversa de la casa refugio.

*Le Cabanon, Cap Martin,
Roquebrune (France), 1950*

The designs for this 16 m² cabin were a birthday present from Le Corbusier to his wife.

The plan, in keeping consisted of one, single room where, without tripping over suit-cases and fishing-rods, two people could sleep (in separate beds). They could wash, take shelter from the heat in summer and the rain in winter, indulge in the pleasures of reading, or writing, or drawing, whilst enjoying the magnificent views.

Once the habitable space, conditioned by the existence of adjacent buildings, had been defined, it was divided into an access zone (70 x 366 cm.) and one, single room (366 x 366 cm.) containing three functional areas: that of rest, to the rear; circulation, in the central zone, next to the entrance; and living, to the front.

The furniture (chairs, tables, beds,..) are the spatial components which differentiate these partitions, or boundaries of habitable space. A regulating line spirals up from the square floor-plan, connecting interior with exterior. The entrance hall is the principle of this dynamic, which continues with the positioning of the windows, precisely following a path of 270 degrees and offering a variety of views. This spiral lay-out sums up the introverse/extroverse double condition, concentration/ extension of the refuge-house.

Página anterior: Fachada este. Aberturas con contraventanas interiores pintadas por Le Corbusier

Previous page: Eastern facade. Openings with inside shutters painted by Le Corbusier

Dibujos originales de tramitación del permiso de obras y planta, secciones y alzados

Original drawings for planning permission application, and plan, sections and elevations

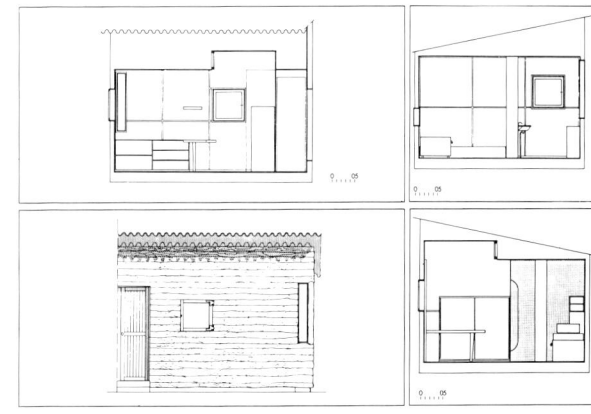
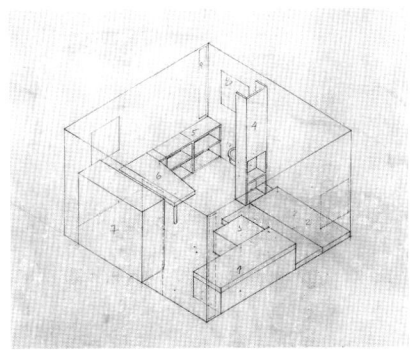
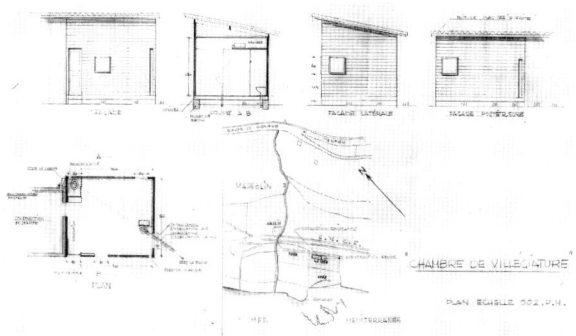

Zonas de trabajo-estar y de reposo

Work-living area and rest area

Kristian Gullichsen

Moduli, sistema constructivo experimental (Finlandia), 1968-1973
En colaboración con Juhami Pallasmaa

Moduli se diseñó en una época en que muchos arquitectos respetables se sintieron atraídos por los modelos de casas «hechas por uno mismo», por viviendas montadas con elementos estándar, fabricados en serie y distribuidos a escala internacional. Las causas de este sueño residían en una confianza un tanto ingenua en la técnica y en un lenguaje arquitectónico universal con poder para desenredar el lío social y estético que se aproximaba a pasos agigantados por los efectos del *baby-boom*.

Esta versión tenía el propósito de ser una fase inicial de experimentación encaminada a solucionar alguno de estos problemas. En un principio, el proyecto se aplicó a casas de vacaciones pensando que así se evitaban al menos unos cuantos obstáculos y cortapisas. De 1969 a 1971 se fabricaron y construyeron sesenta casas. Desde los puntos de vista técnico y arquitectónico, el proyecto parecía bastante prometedor, pero la explotación a escala económicamente rentable mostró su inviabilidad y éste fue abandonado.

Moduli, experimental construction system
(Finland), 1968-1973
In collaboration with Juhami Pallasmaa

Moduli was designed at a time when many respectable architects found themselves attracted to the "self-build" model of houses, to dwellings built with standard components, mass produced and distributed on an international scale. The origins of this dream lay in a somewhat naïve confidence in technology and in a universal architectural language, able to untangle the social and aesthetic confusion which was rapidly approaching, brought about by the `baby boom'.

This version was intended to be an initial phase of experimentation, with a view to solving some of the problems. At first, the project was applied to holiday homes thinking that, in this way, some of the obstacles and limitations could be avoided. Sixty houses were produced and built between 1969 and 1971. The project seemed quite promising from the technical and architectural points of view. Production on a financially worthwhile scale, however, was shown not to be viable, and was abandoned.

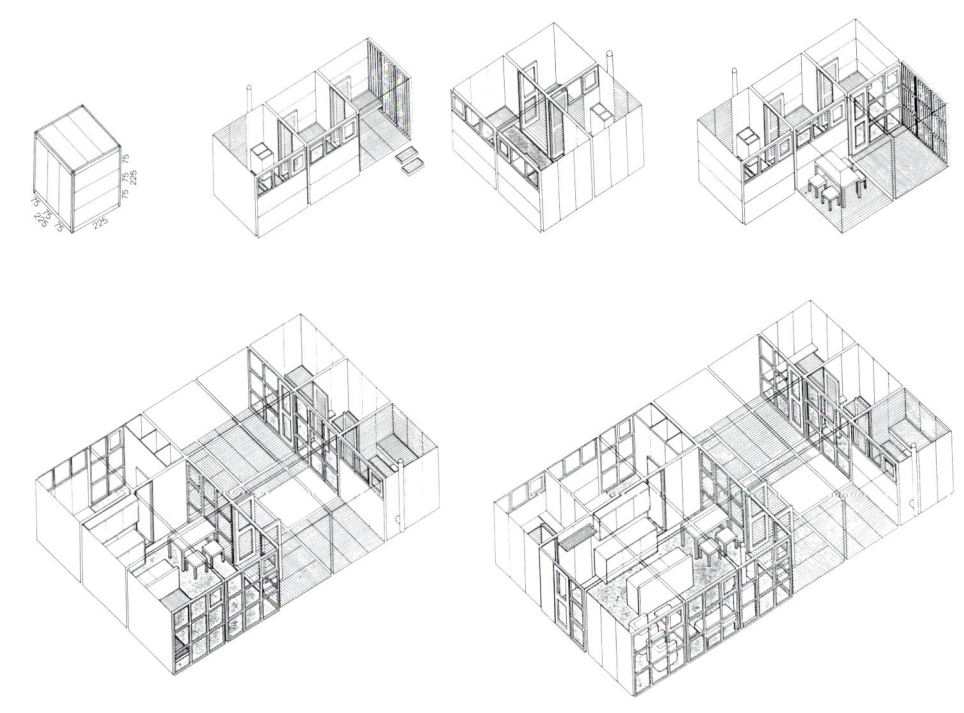

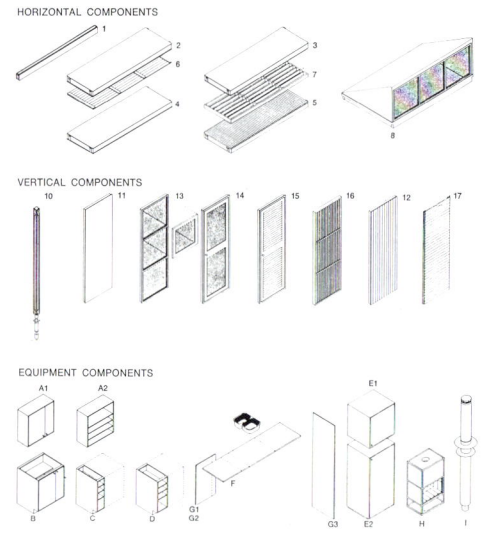

HORIZONTAL COMPONENTS

VERTICAL COMPONENTS

EQUIPMENT COMPONENTS

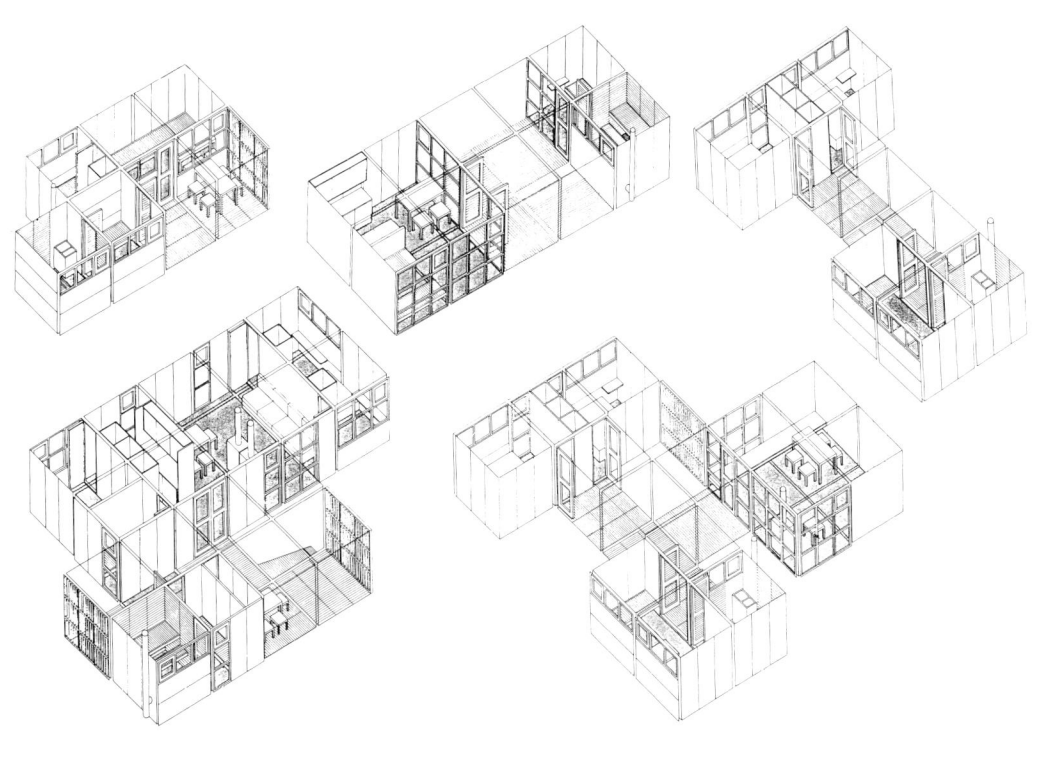

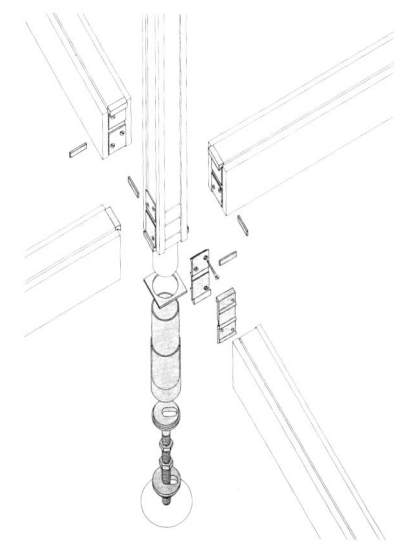
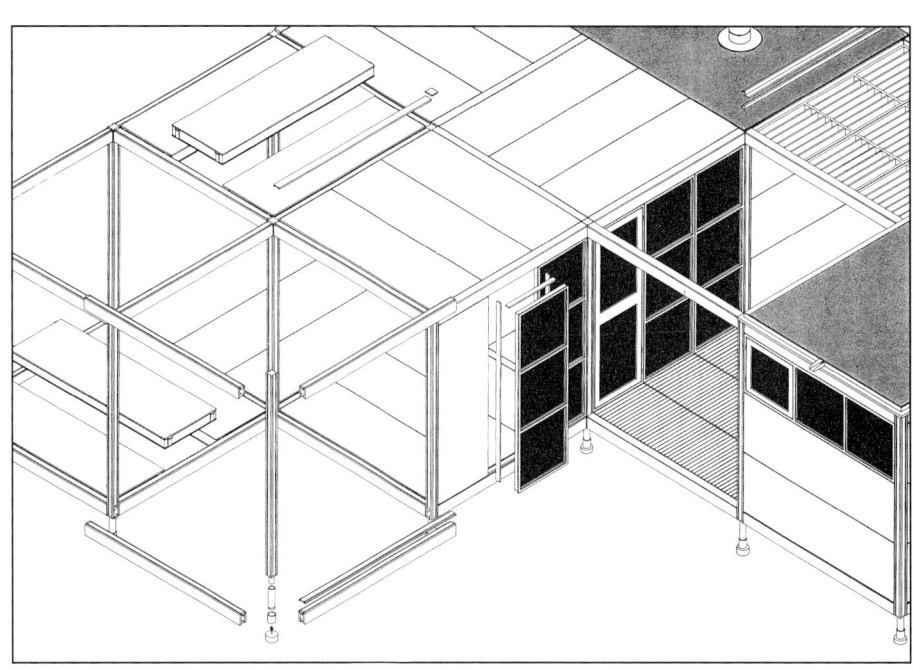

Gerald Maffei

**Tin House, Bryan,
Texas (EE UU), 1981-1982
L. Degelman, asesor**

Maffei dio forma a su casa, con su alto frontón, para integrarla en el barrio. Al igual que las demás casas tiene una entrada muy señalada. La idea de envolver el edificio entero con chapa galvanizada proviene de las vías férreas próximas. Lenguajes residenciales e industriales se combinan dando lugar a una propuesta que se halla a medio camino.

Se utilizan los materiales tal y como se encuentran en un almacén, materiales baratos que se muestran tal como son, dejando vistos sus cantos, sin pulir. Fontanería, electricidad, aire acondicionado quedan a la vista. Esta actitud se demuestra muy claramente en la cocina, donde el fregadero se apoya sobre dos soportes de madera clavados a la carpintería de la ventana. Los dormitorios se cierran mediante puertas de madera contrachapada colgadas de unas guías. La posición de las ventanas se decidió in situ y no sobre planos.

Una sensación de espaciosidad invade esta pequeña casa gracias al movimiento de las paredes que producen determinados efectos de perspectiva y a la posición de algunas ventanas y puertas correderas, que permiten abrir espacios sobre otros contiguos.

*Tin House, Bryan,
Texas (USA), 1981-1982
L. Degelman, consultant*

Maffei incorporated the high pediment into the design of his house, to help it blend in with the neighbouring buildings. It has an extremely distinctive entrance, as do the other houses. The idea of sheathing the entire building in galvanised sheet was inspired by the nearby railway tracks. Industrial and residential languages combine in this house, giving rise to a half-and-half proposal.

The materials used are those found in an everyday store. They are cheap, and show themselves to be so, their rough, bare surfaces being left for all to see. Plumbing, electricity and air conditioning are all in full view, an attitude clearly demonstrated in the kitchen, where the sink rests on two wooden brackets, nailed to the wooden window-frame. Access to the bedrooms is through plywood doors, hung from metal rails. The position of the windows was decided on site, rather than during the planning.

A sensation of spaciousness invades this little house, thanks to the possible re-location of the walls to produce certain effects in perspective, and to the positioning of some of the windows and sliding doors, to enable the opening up of areas into neighbouring spaces.

37

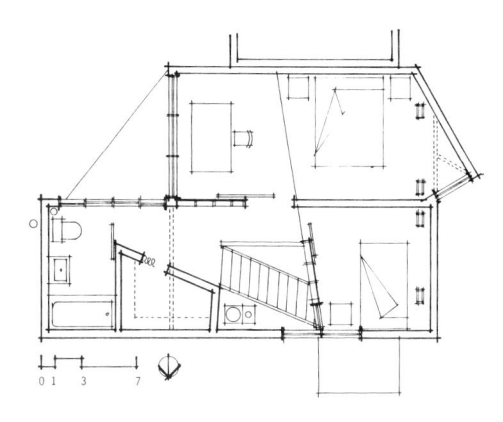

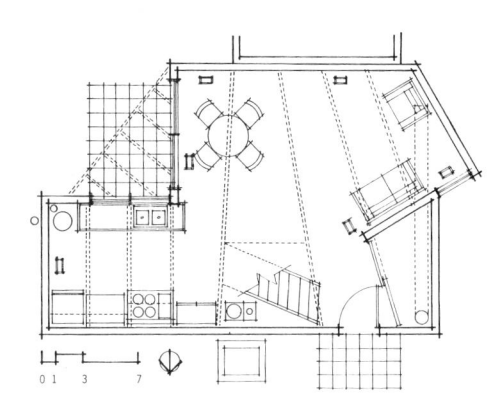

Plantas baja y primera

Ground floor and first floor

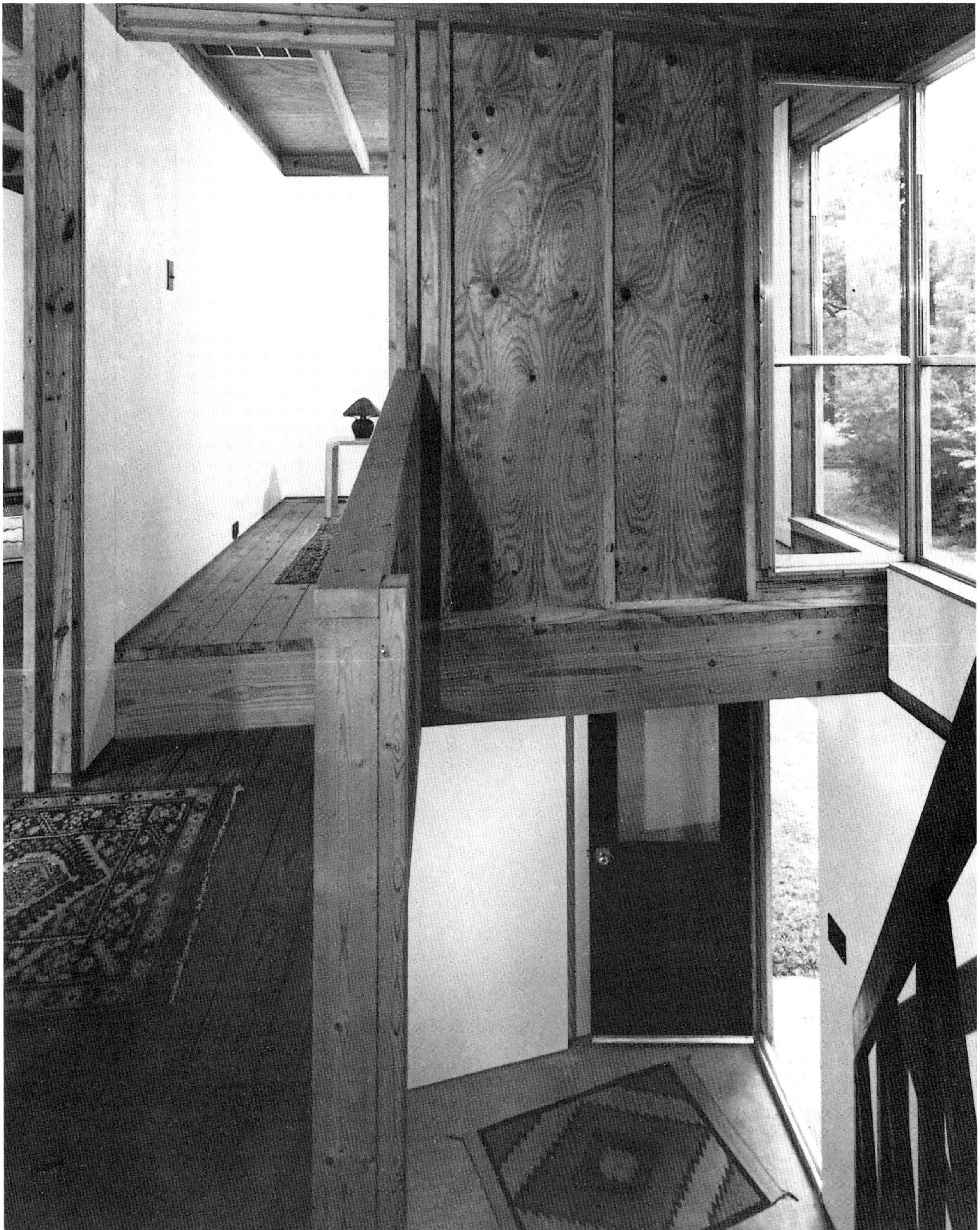

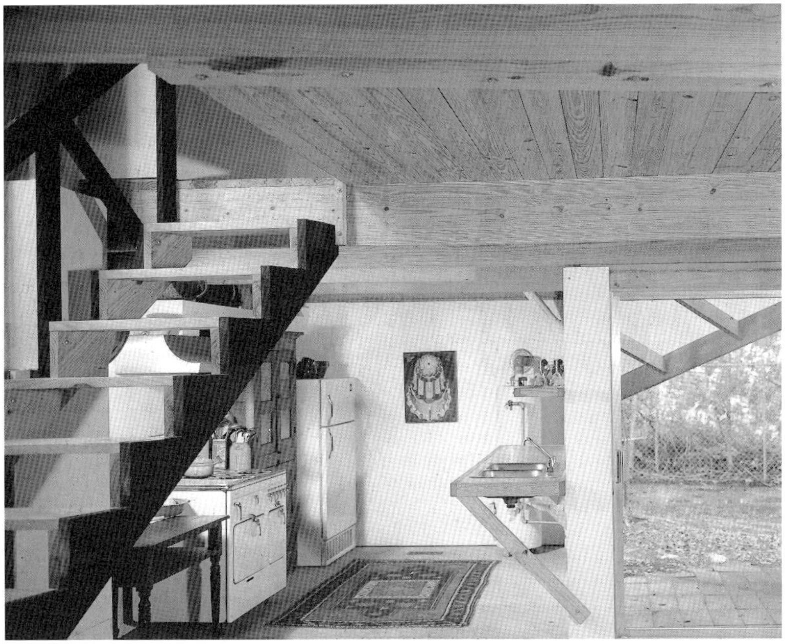

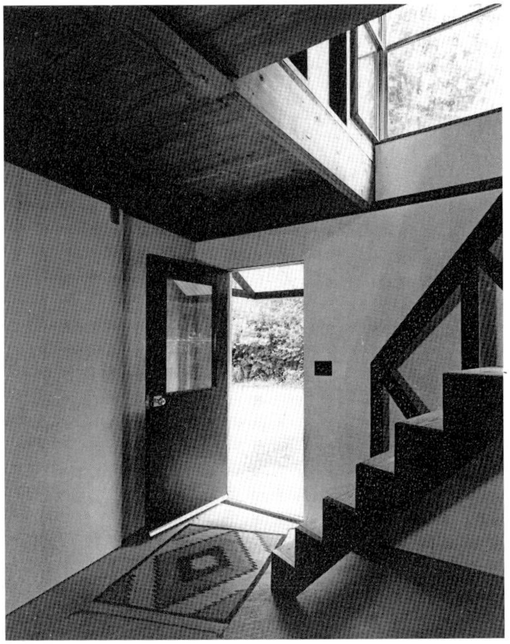

41

Herzog & De Meuron

**Casa en madera contrachapada,
Bottmingen (Suiza), 1984-1985
Reneé Levy, colaborador**

Esta construcción en madera contrachapada es en realidad la ampliación de una casa preexistente, situada en medio de un gran jardín. Al ser al mismo tiempo la residencia de su único habitante y utilizarse como pequeño teatro de títeres, se deja una clara entrada desde la calle. La casa se construye de la misma manera que un instrumento de música o un mueble, con paneles de contrachapado. La cubierta, la sala principal y la estructura portante están claramente articuladas. En el interior también se emplea contrachapado en los revestimientos y en las contraventanas.

Junto a la fachada sur hay un gran árbol Paulownia que parece «abrazar» el edificio y con el cual compone una totalidad arquitectónica simple e indivisible.

*Plywood house,
Bottmingen (Switzerland), 1984-1985
Reneé Levy, assistant*

This plywood construction is, in fact, the extension of a pre-existing house, situated in the middle of a large garden. As it was at the same time the residence of its sole inhabitant, and used as a small puppet-theatre, a clear entrance from the street was left. The house was built in the same way as a musical instrument or piece of furniture, using plywood panels. The roof, the largest room and the supporting structure are all clearly articulated. Plywood is also used in the interior, in the finishes and shutters.

There is a huge Paulownia tree next to the southern façade, which seems to embrace the building, with which it forms a simple and indivisible architectural whole.

43

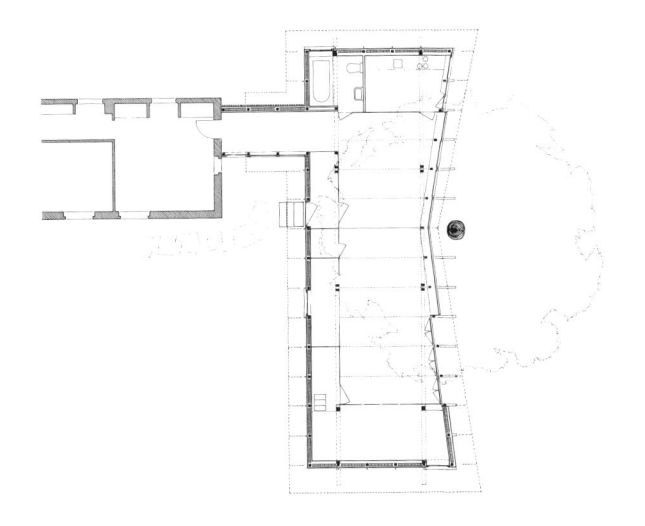

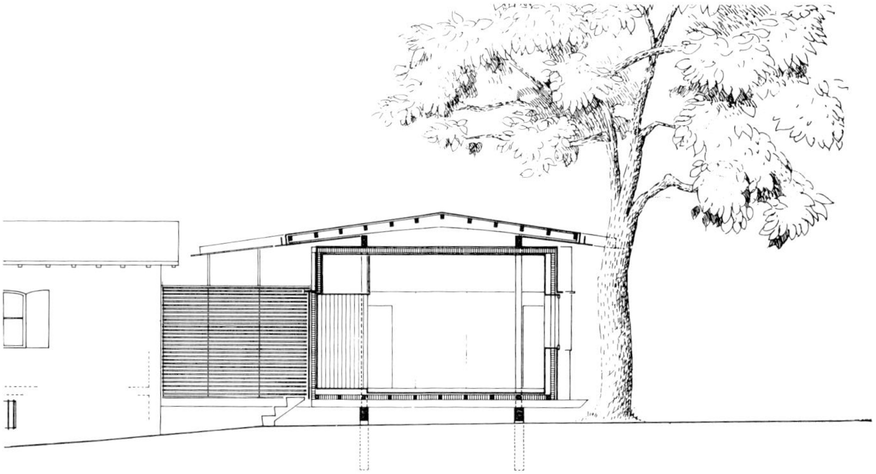

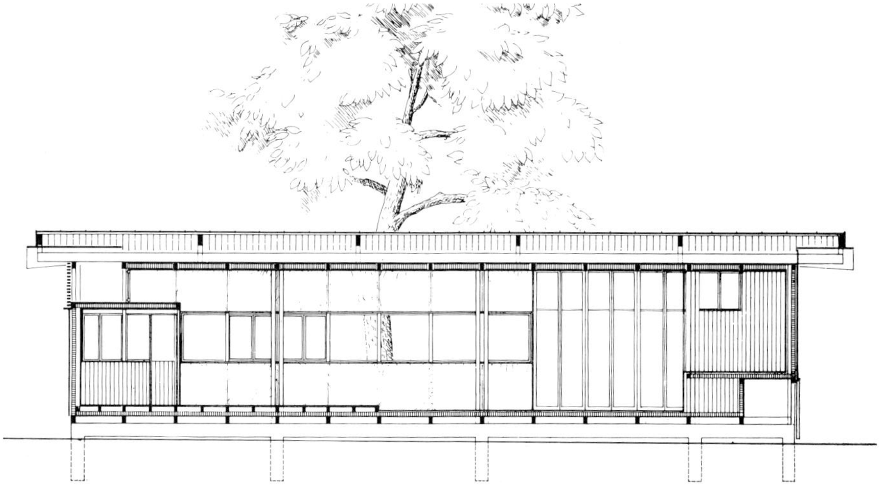

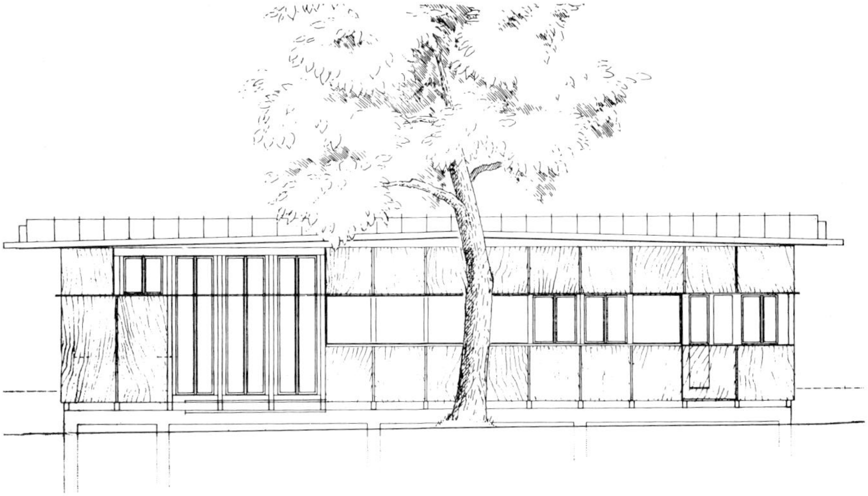

Página anterior: secciones transversal y longitudinal y alzado frontal

Previous page: transverse and longitudinal sections and front elevation

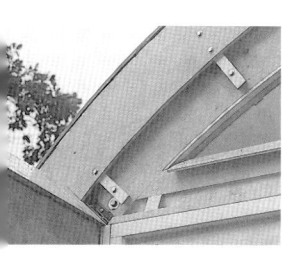

Cristián Cirici / Lluís Gascón

Casa-refugio en Port de Sant Miquel, Ibiza (España), 1985

Refuge-house in Port de Sant Miquel, Ibiza (Spain), 1985

Cristián Cirici esbozó las primeras ideas de este proyecto para una familia aficionada al mar y a la pesca. Lluís Gascón lo desarrolló de acuerdo con el cliente y éste, a su vez, entusiasmado por el proyecto, se convirtió en el propio constructor.

El refugio es como un muro de contención del terreno, con una cubierta plana de piedras sueltas para proteger las láminas impermeabilizantes. La planta rectangular se distorsiona ligeramente en su parte posterior para configurar el acceso. El interior es como un barco de madera en el que las costillas son las vigas y las cuadernas el tablero del forjado.

Las persianas de madera, en las aberturas de la fachada que da al mar, se elevan al abrirse hasta quedar horizontales y constituir una protección solar de la terraza.

Cristián Cirici outlined the first ideas of this project for a family who were enthusiasts of fishing and the sea. Lluís Gascón developed the project, in conjunction with the client and he, in turn, fired with the idea, became the builder.

The shelter is like a retaining wall, and has a flat roof, with loose stones protecting the waterproof covering. The rectangular layout is slightly distorted at the back, to form the entrance. The interior is like that of a wooden ship, in which the ribs are beams and the hull timbers the skin.

The wooden shutters on the windows facing the sea can be raised to a horizontal position and offer shade to the terrace.

Sección del terreno

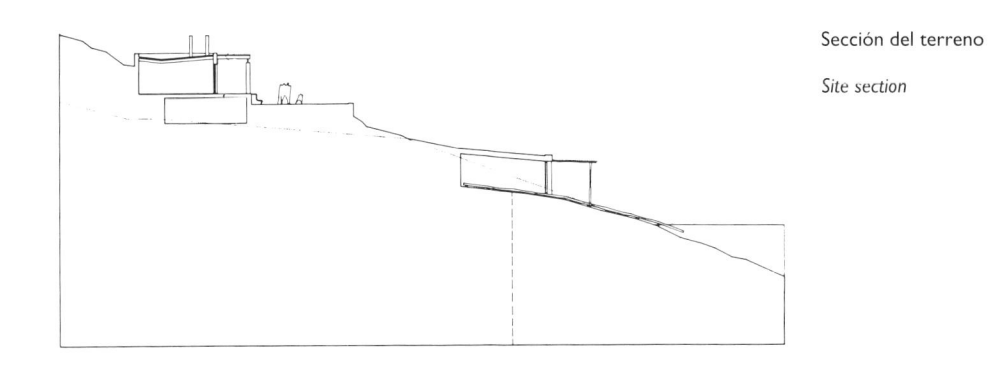

Site section

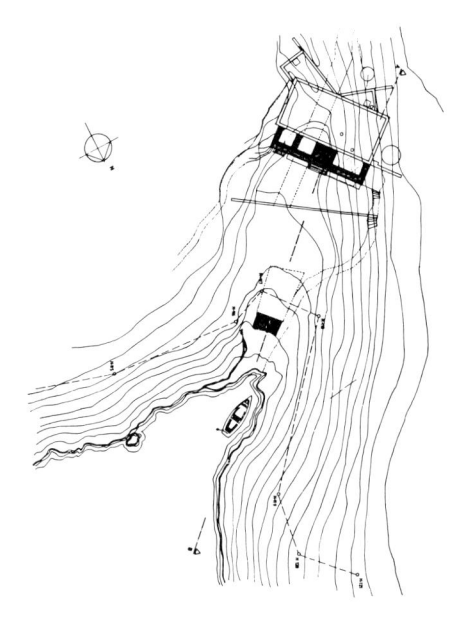

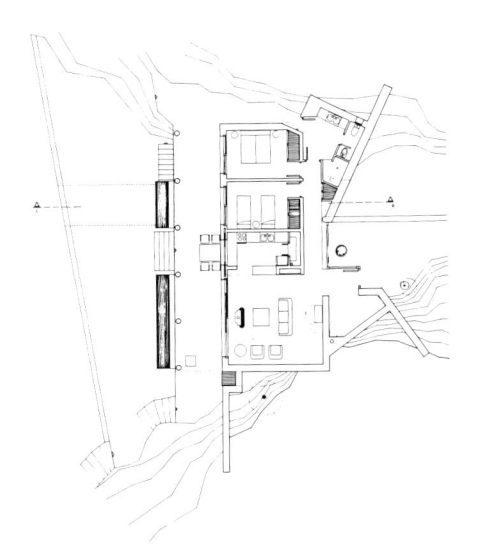

Plano de situación y planta

Site and ground plans

49

Architrope

(Andrew Bishop Bartle & Jonathan Kirschenfeld). Casa y estudio, Canaan, Nueva York (EE UU), 1989-1990

Esta residencia de verano para un artista se sitúa en lo alto de un prado aprovechando las vistas hacia el norte. El asentamiento de la zona, alrededor de 1840, coincide con un revival griego de la arquitectura neoclásica. El programa se dividió en dos, situándolo en idénticos volúmenes a cada lado de un patio central. Esta composición es una analogía urbana del típico pueblo de Nueva Inglaterra y está inspirada en la memoria del pueblo académico de Thomas Jefferson. El patio central se convierte así en la zona «urbana» del poblado, a cuyos lados se disponen sendos porches. Los pilares de la zona norte descansan fuera de esta zona central, estableciendo una transición entre ciudad y naturaleza. En la cara norte se disponen dos porches exteriores, colgados de la cubierta, como si de unas hamacas se tratara.

El proyecto de esta casa, constituida por dos edificios gemelos, se concibe como una afirmación retórica sobre tipología y función. Estos edificios podrían ser utilizados para otra función. No es difícil imaginar una escuela o un sanatorio en ellos. La tipología urbana con patio permanecería. Por lo tanto es una aproximación a la casa-refugio que se aleja de los modelos domésticos para buscar en modelos urbanísticos coloniales, el modo de asentar una vida humana en tierras «vírgenes».

(Andrew Bishop Bartle & Jonathan Kirschenfeld). House and studio, Canaan, New York (USA), 1989-1990

This summer residence for an artist is situated at the top of a hilly pasture, taking full advantage of the views to the North. The zone was first settled around 1840, coinciding with a revival of Greek, neo-classical architecture. The floor-plan is divided in two, with identical volumes on each side of a central patio. This composition is an urban analogy of the typical New England village, and is inspired by the memory of Thomas Jefferson's university town. Thus the central patio becomes the "urban" zone of the area, bordered on each side by porches. The pillars of the northern zone lie outside this central area, creating a transition between town and country. On the northern side of the house, there are two exterior porches hanging, like hammocks, from the roof.

The design of this house, made up of twin buildings, is conceived as a rhetorical statement on typology and function. These buildings can be used for other purposes. It is not difficult to imagine them as schools, or nursing homes. The urban typology, with patio, would remain. It is thus an approach to the refuge-home which distances itself from domestic models, looking instead to colonial planning models to find the way for human life to settle "virgin" land.

Plantas baja y piso

Ground floor and first floor

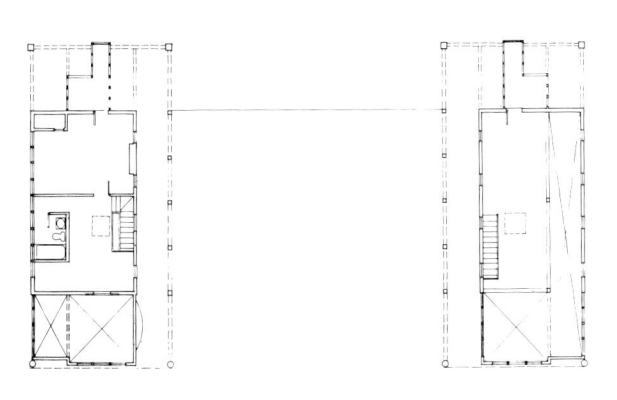

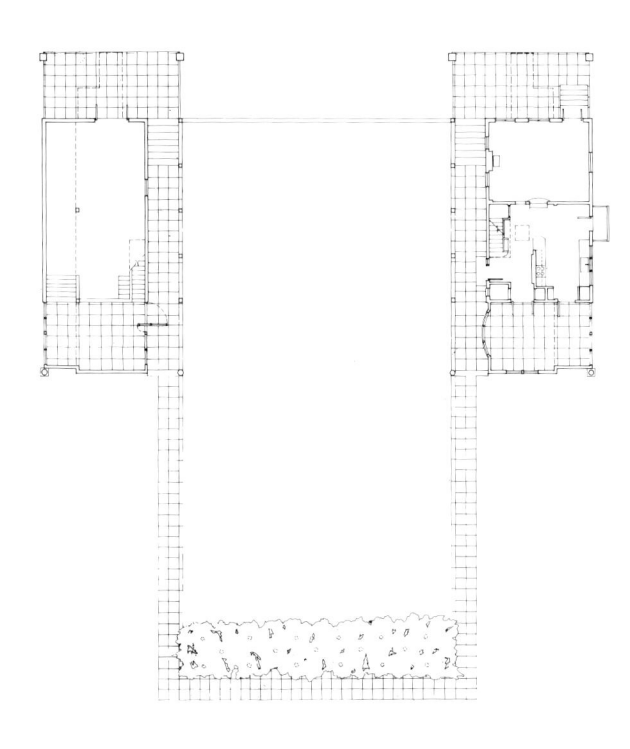

51

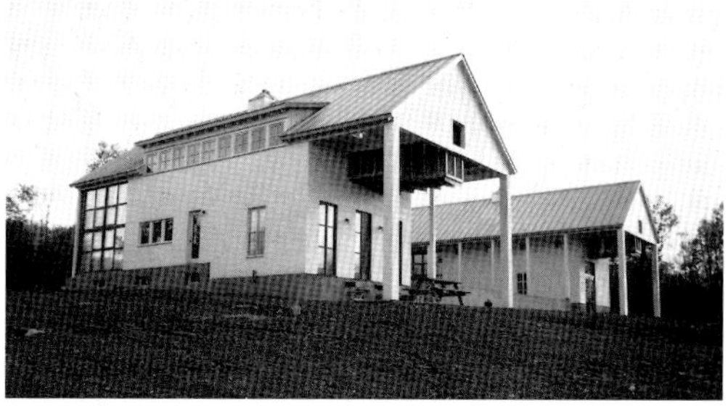

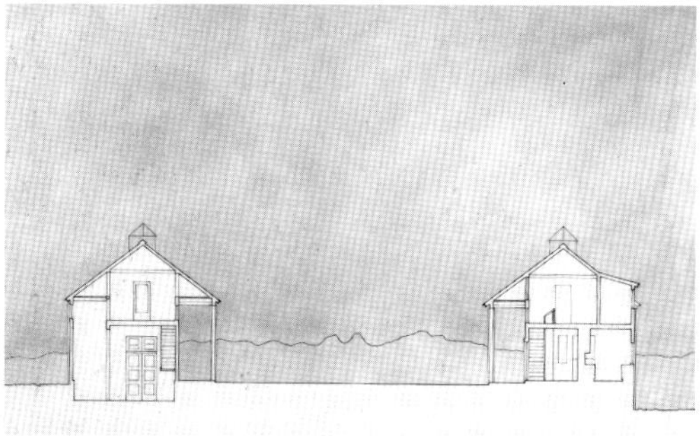

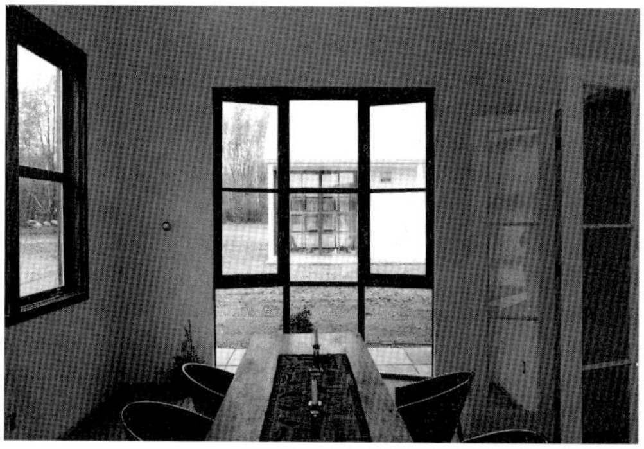

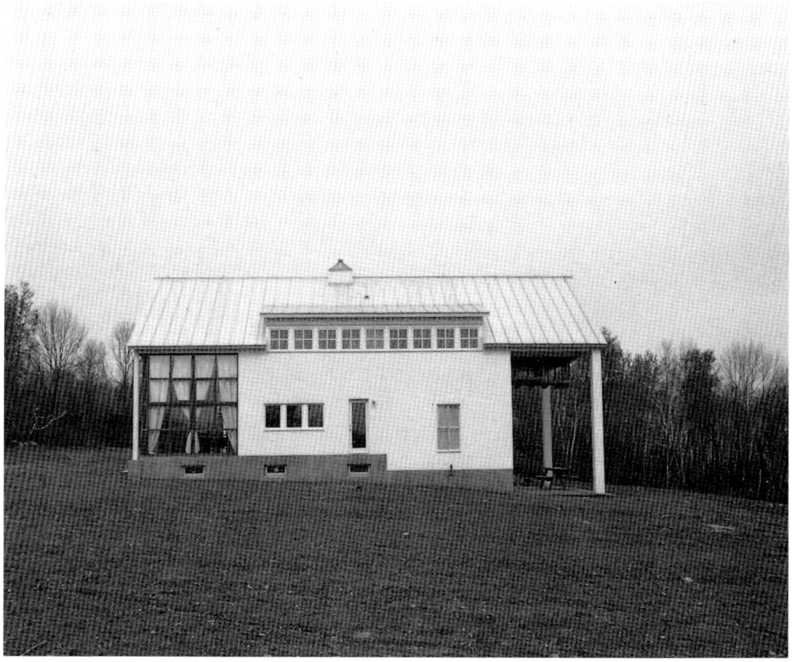

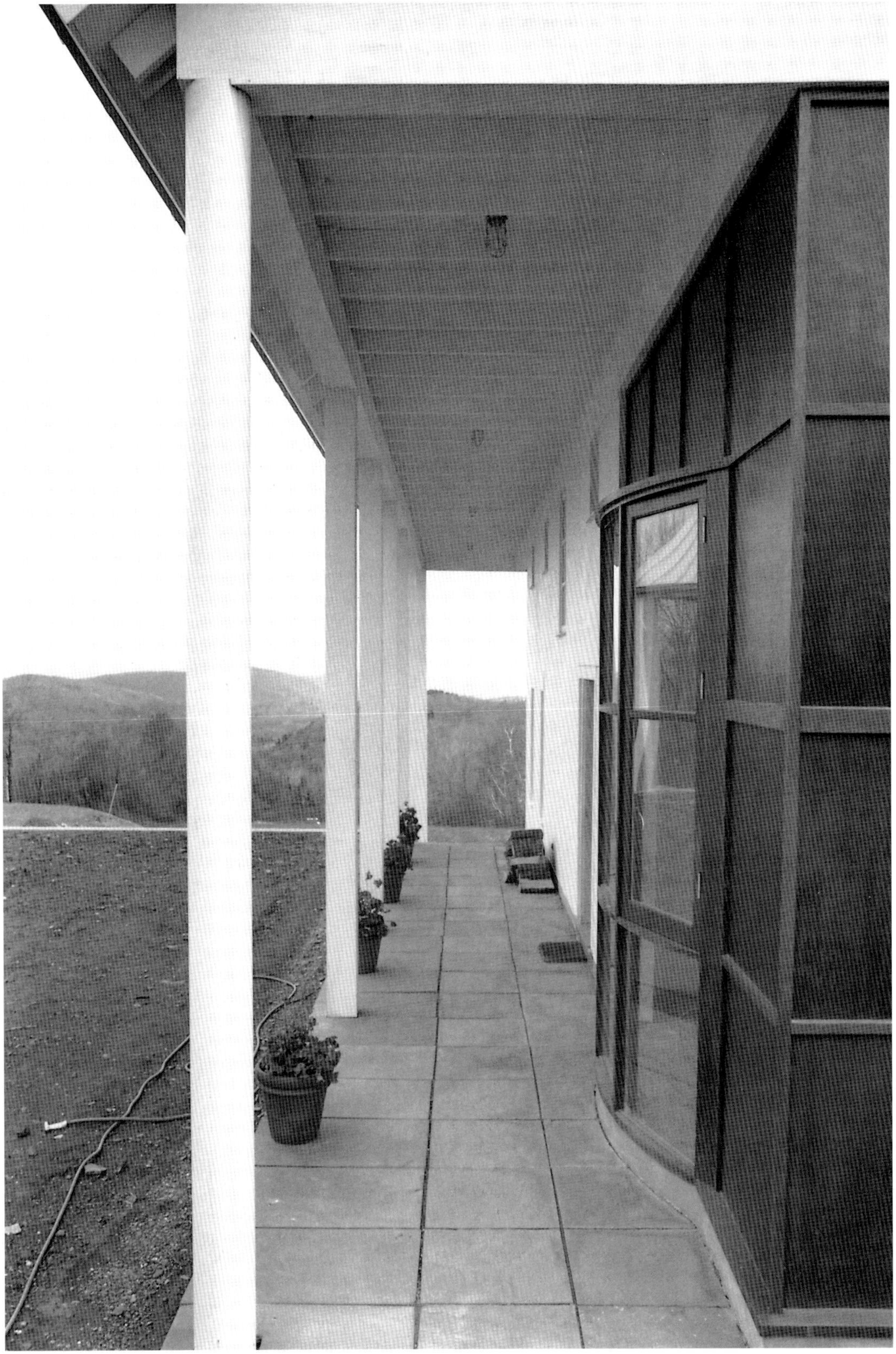

Sverre Fehn

Casa experimental, Mauritzberg Manor, Norrkoping (Suecia), 1992
Henrick Hille, colaborador

Formando parte de la urbanización en Mauritzberg Manor de un campo de golf y un centro de vacaciones, se construyó en el verano de 1992 un prototipo de casa de vacaciones. El proyecto prevé la construcción de unas 250 viviendas, según diez tipologías distintas, que varían de 50 a 150 m². El prototipo construido tiene una superficie útil de 52 m². La casa, aislada del exterior con un muro perimetral, ofrece una transparencia en sentido longitudinal, abriéndose por un lado al campo de golf y por otro al bosque de robles. Estas vistas pueden controlarse mediante persianas venecianas de madera. Un patio intermedio, que articula el dormitorio y la zona de estar, no sólo permite una fluidez entre el exterior y el interior sino que, además, ofrece un espacio privado al aire libre.

Constructivamente el arquitecto opta por materiales naturales. Para los muros exteriores se utilizan bloques de paja mezclada con un bajo porcentaje de arcilla excavada en el propio terreno. El acabado a base de cal se colorea con arcillas naturales. La bóveda de madera se forma con una doble capa de madera contrachapada de 15 mm.

La casa se construyó en ocho semanas principalmente por estudiantes de arquitectura de Finlandia, Latvia, Suecia y Noruega.

Experimental house, Mauritzberg Manor, Norrkoping (Sweden), 1992
Henrick Hille, collaborator

In the summer of 1992, the prototype of a holiday home was built, forming part of the Mauritzber Manor estate, which incorporated a golf course and holiday centre. The project envisaged the construction of some 250 dwellings, of 10 different types, that would range from 50 to 150 m². The prototype constructed has a floor area of 52 m². The house, isolated from its surroundings by a perimeter wall, offers a sense of longitudinal transparency, with one side opening out onto a golf course and the other to an oak wood. These views may be controlled by means of wooden venetian blinds. An intermediary patio, connecting the bedroom and living-room, not only allows a certain fluidity between exterior and interior, but also offers a private space, in the open air.

The architect has opted for natural materials in the construction. Blocks of straw mixed with a low percentage of clay, extracted from the site itself, were used for the walls. The lime-based finish was coloured with natural clays. The wooden roof is made up of a double layer of 15 mm. plywood.

The house was built in eight weeks, principally by students of architecture from Finland, Latvia, Sweden and Norway.

Fabricación de los bloques de paja y arcilla excavada del propio terreno para la construcción de los muros

Manufacture of the straw and clay blocks excavated from the site itself for the construction of the walls

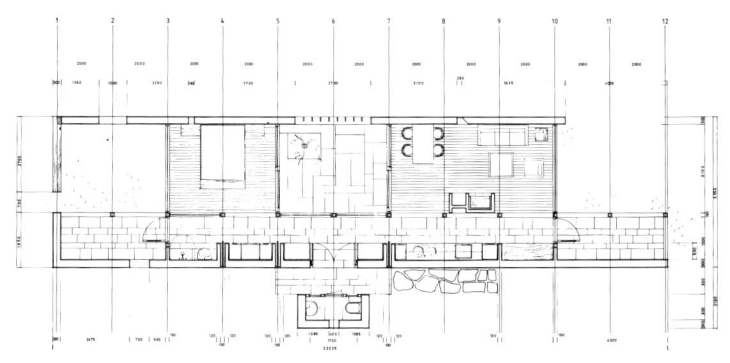

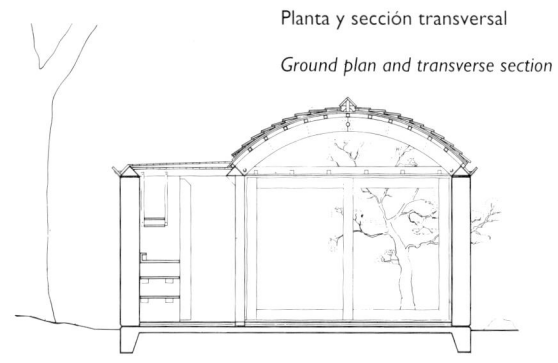

Planta y sección transversal

Ground plan and transverse section

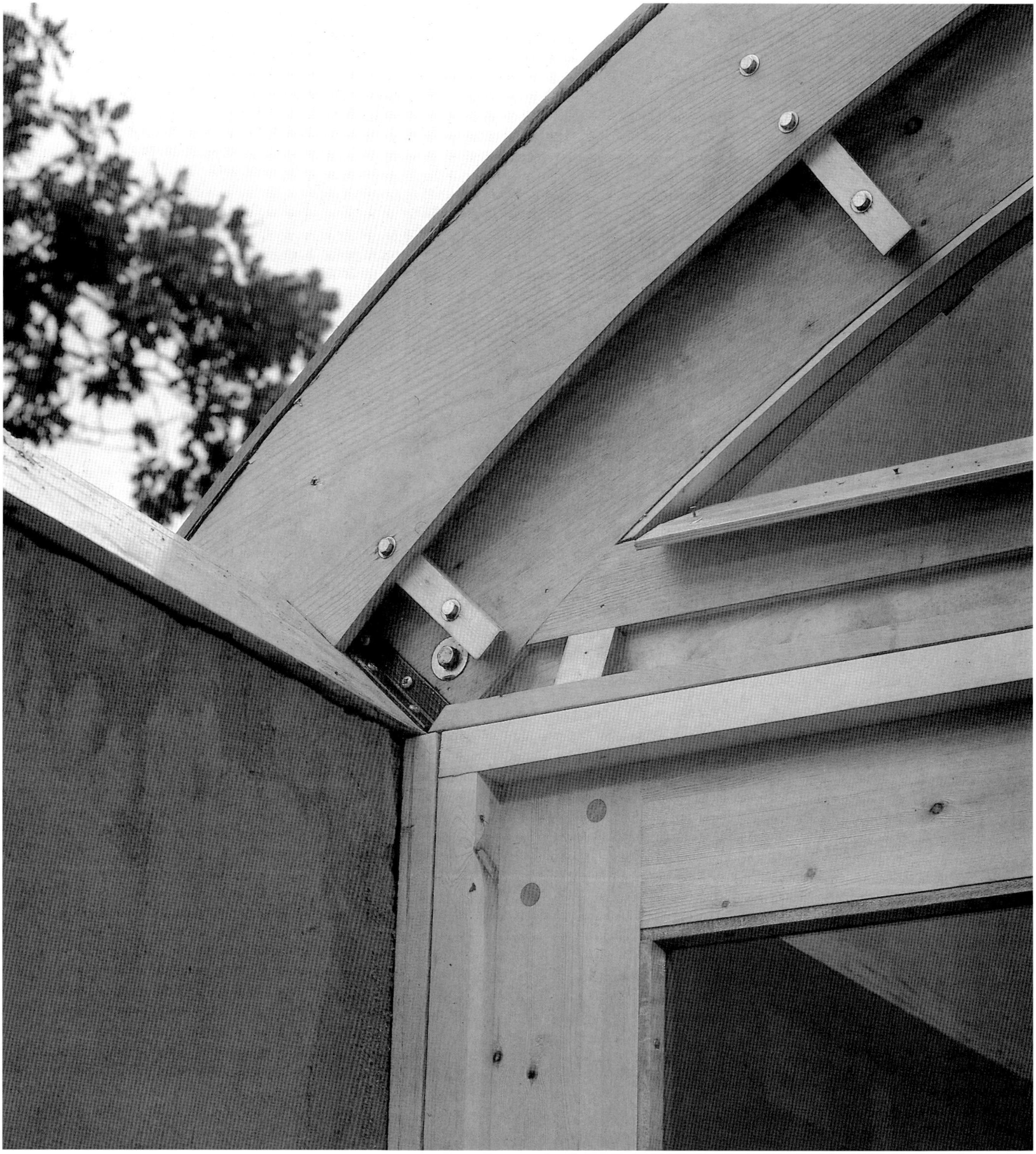

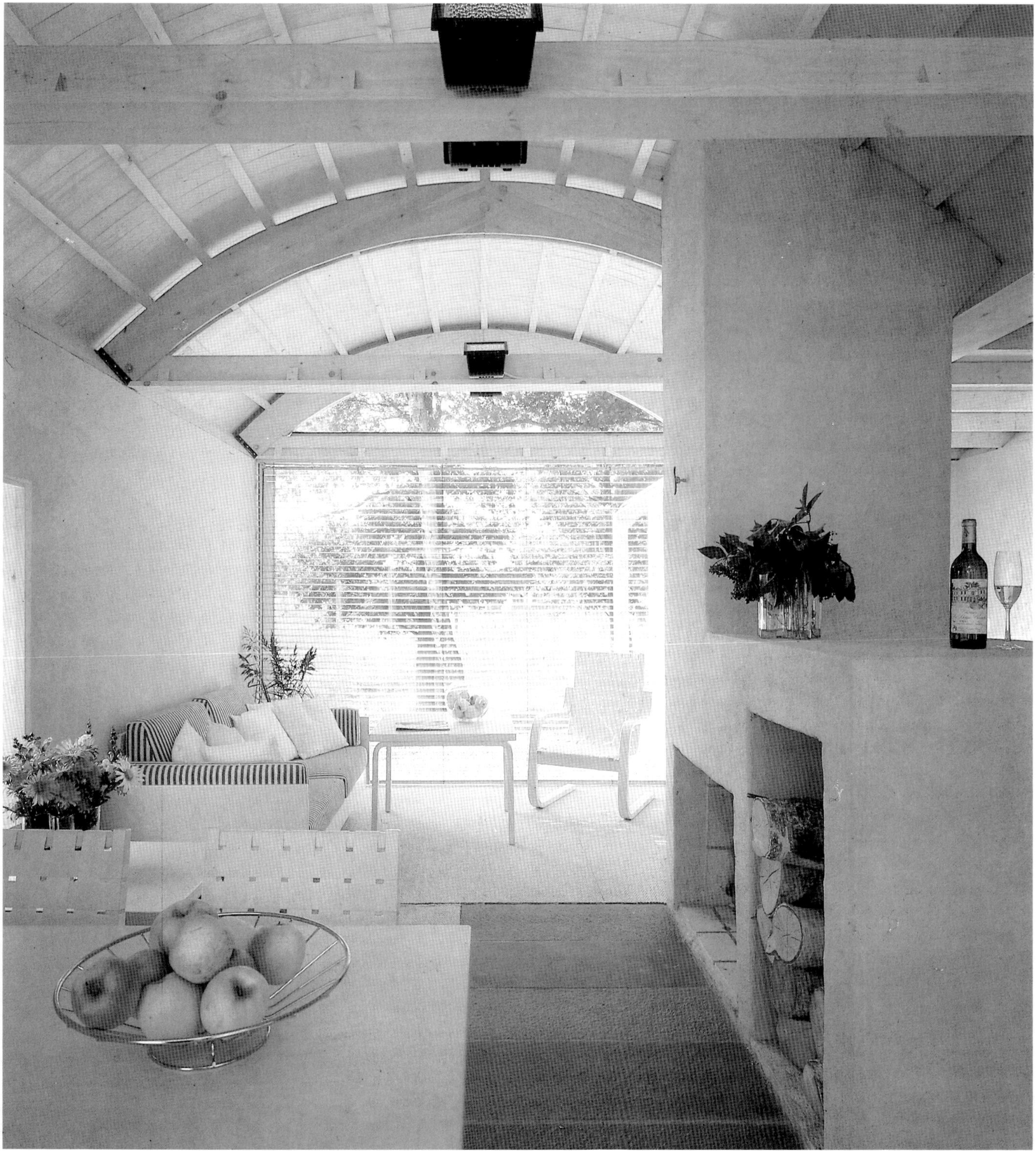

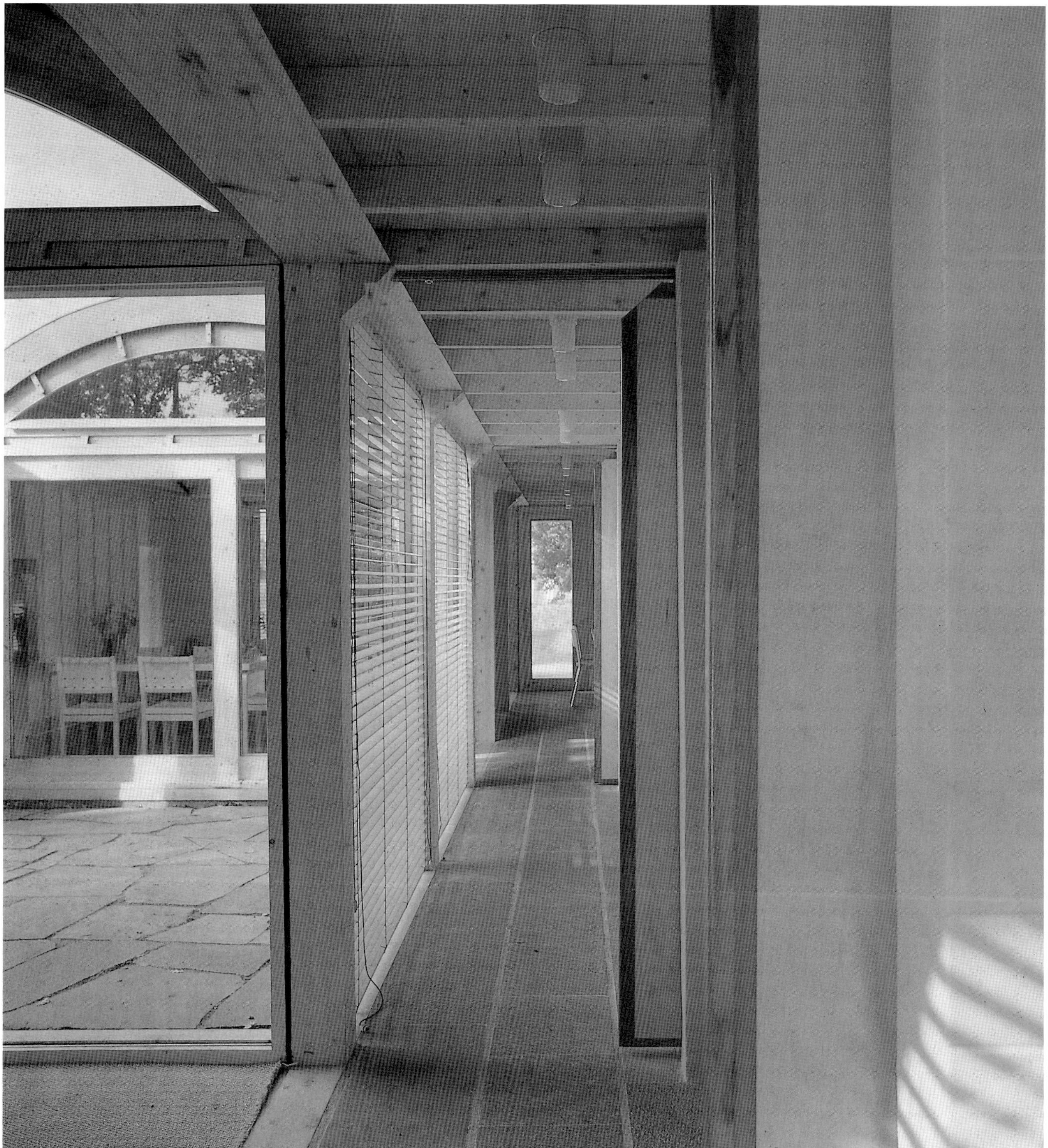

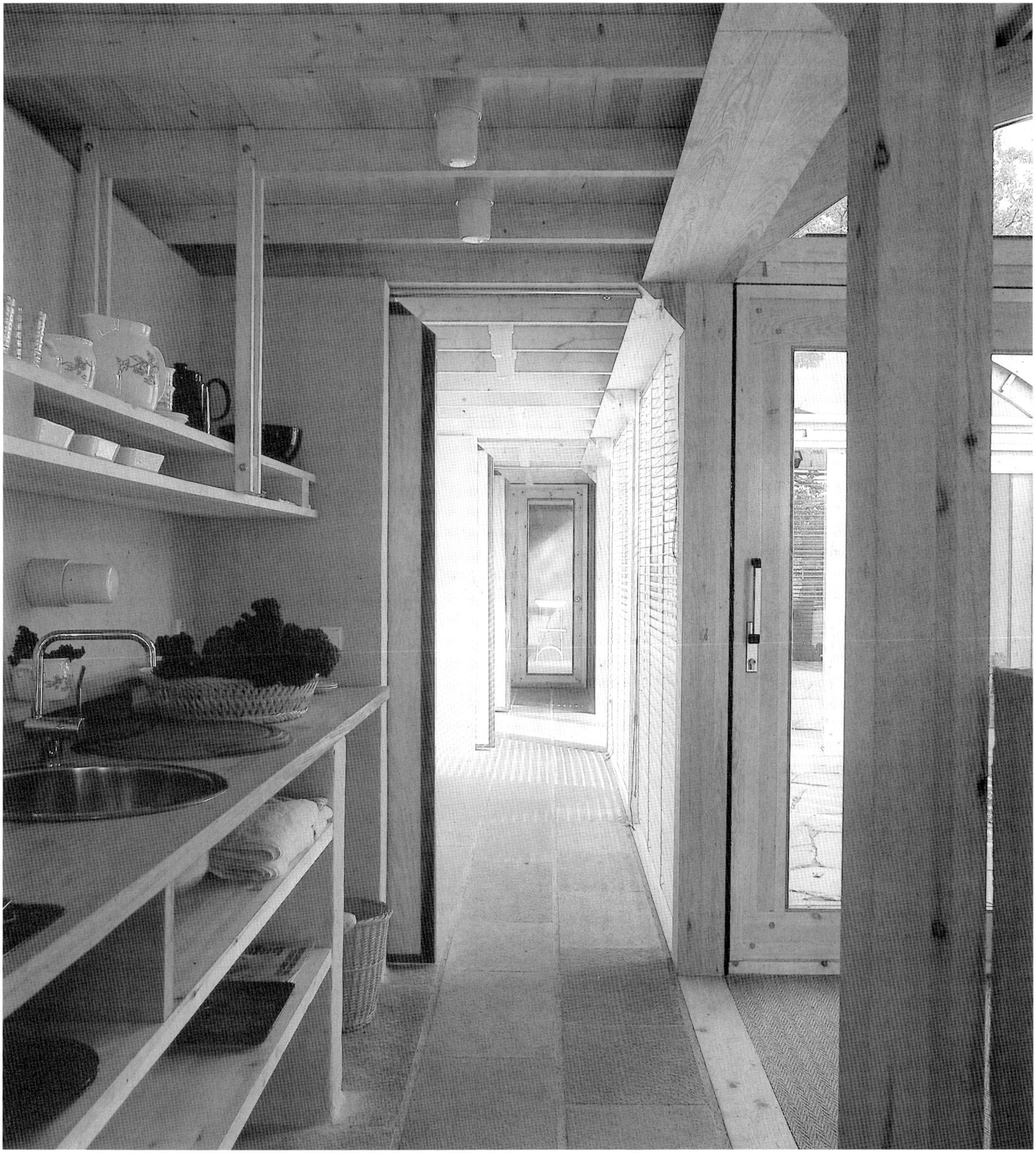

Le Corbusier

**Villa Le Lac,
Corseaux-Vevey (Suiza), 1923**

Esta pequeña casa se construyó en 1923 para los padres de Le Corbusier. Su madre vivió en ella hasta su muerte en 1960, a la edad de cien años.

Le Corbusier definió exactamente un plan riguroso de la casa, respondiendo exactamente al programa, de una verdadera «maquina para vivir». Luego, y contrariamente a la costumbre, con el plan en el bolsillo, se fue al terreno. La relación con la finca vecina y la existencia de un trazado regulador le obligaron a variar los primeros esquemas. En esta minúscula casa de 62 m² hay una ventana de 11 m de longitud que se abre al lago. La zona de recepción ofrece una perspectiva de 14 m. Tabiques móviles, lechos que pueden ocultarse, permiten improvisar estancias para huéspedes.

Como decía su madre: «Nuestra casa es simple, tan simple como su arquitecto. Mi hijo es recto y honesto, huraño y rudo, pero generoso. Tiene buen corazón, ama la vida. Nuestra casa también. Ama el sol, la luz, el lago y las montañas.»

*Villa Le Lac,
Corseaux-Vevey (Switzerland), 1923*

This little house was built for Le Corbusier's parents, in 1923. His mother lived there until her death in 1960, at the age of 100.

Le Corbusier precisely defined a rigorous plan of the house, responding exactly to an authentic "machine for living" design. Later, and contrary to custom, he visited the area, with the plans in his pocket. The relation of the site to its neighbour, together with the strict building regulations, forced him to change his original ideas. In this minute, 62 m² house, there is an 11 metre-long window, overlooking the lake. The reception area is 14 metres long. Movable partitions, and beds which may be hidden away, make it possible to improvise rooms for guests.

As his mother said, "Ours is an uncomplicated house, as uncomplicated as its architect. My son is upright and honest, shy and plain, but generous. He has a good heart, he loves life. Our house too. It loves the sun, the light, the lake and the mountains."

Página siguiente: plantas y alzados frontal y posterior

Next page: Ground plans and front and rear elevations

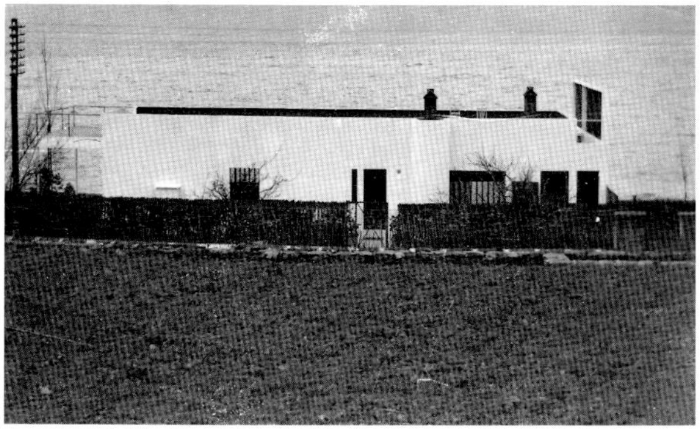

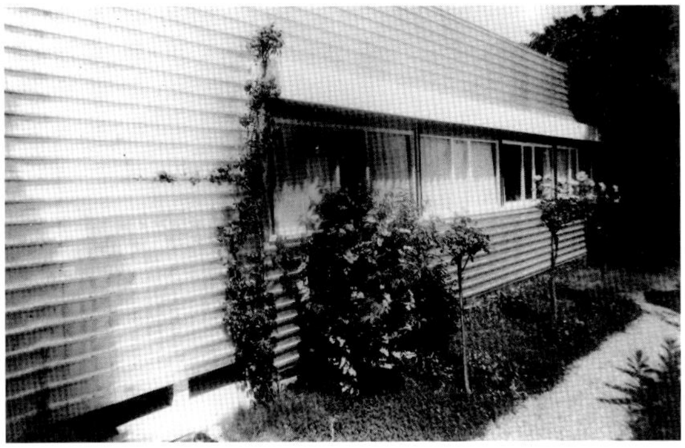

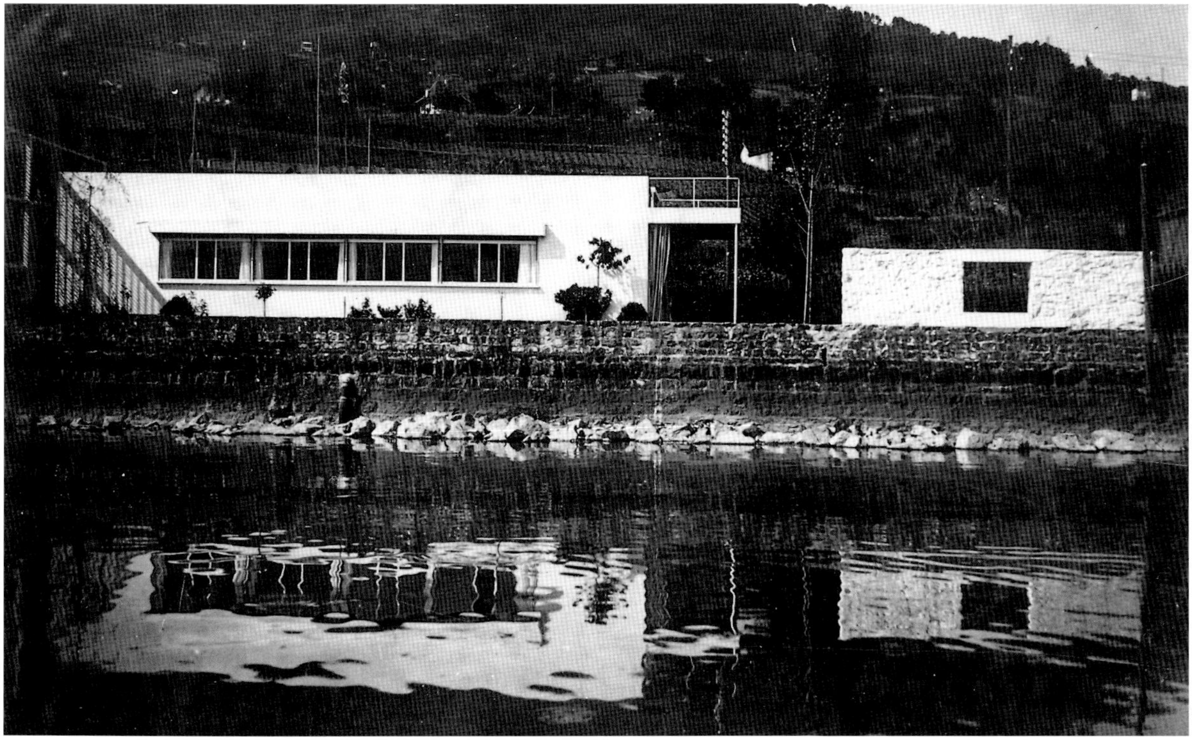

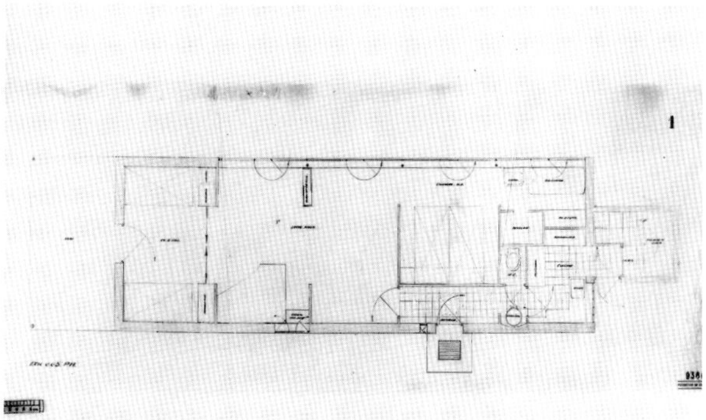

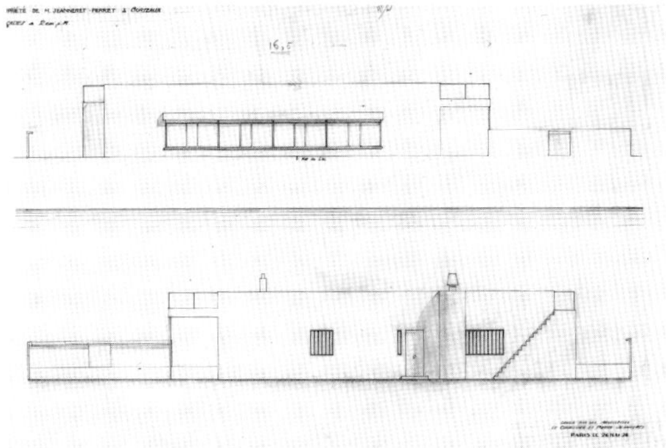

J. J. P. Oud

Casitas de vacaciones estandarizadas para la Beye & Co., Renesse (Holanda), 1933. Proyecto

Lejos de la ciudad y en cierto modo fuera del contexto del *existenz-minimum* obrero, Oud experimenta el problema de la estandarización de la vivienda mínima de vacaciones. A la composición geométrica y gráfica de las fachadas de sus viviendas en hilera, corresponde aquí un estudio de la tipología en la que por vez primera experimenta un desarrollo en L del espacio de sala de estar en relación directa con la chimenea. Esta pieza, símbolo de hogar, toma un especial protagonismo dentro de esta pequeña casa. En la representación de este proyecto, mediante el uso de la acuarela, destacan una serie de elementos (el sol, el cielo, las flores) que se presentan como una visión casi onírica de la casa-refugio dentro de una naturaleza «idílica».

Standardised holiday homes by Beye & Co., Renesse (Holland) 1933. Project

Some distance from the town and, to a certain extent, out of context with workers' existenz-minimum, Oud confronts here the problem of standardising the most basic holiday home. It is fitting in this case to make a study, building on the geometrical and graphical composition of the façades of his terraced houses, of the typology in which, for the first time, he experiments with an "L-shaped" development of living-room space, in direct relation to the chimney. This element, symbol of the home, takes on a special importance in this little house. The picture of this project, using watercolour, highlights a number of elements (the sun, the sky, the flowers) which are presented as an almost dream-like vision of the private retreat, in an "idyllic" setting.

Plantas baja y piso y secciones

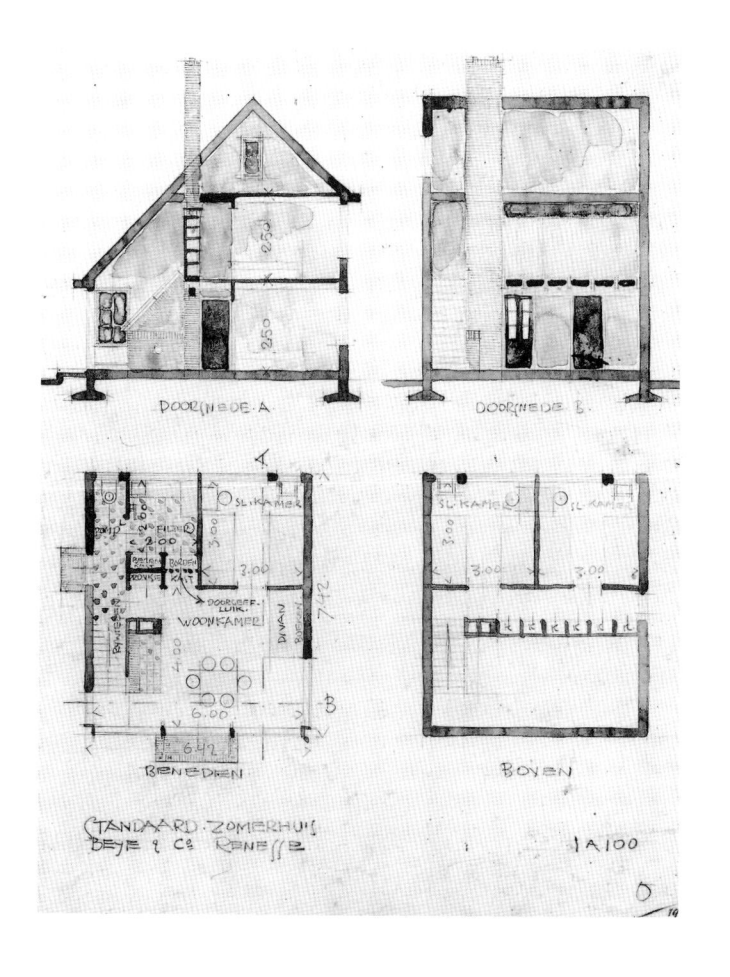

Ground and first floors and sections

63

J. Ll. Sert / J. Torres Clavé

Casas de fin de semana en Garraf, Barcelona (España), 1935

Este grupo de casas mínimas está destinado a albergues de playa y residencias para estancias cortas. La composición se basa en la relación de unos prismas rectangulares con unos volúmenes adosados de formas redondeadas (para albergar las chimeneas y las duchas) logrando diversas soluciones con el mismo principio. Esta yuxtaposición de volúmenes rectilíneos y curvos se encuentra en la arquitectura popular mediterránea, a la que Sert y Torres Clavé prestaron especial atención desde la revista A.C., de la cual formaban parte. Constructivamente recuperan sistemas tradicionales. Los espacios se cubren con bóvedas catalanas, formadas por tres capas de ladrillo plano. La primera capa utiliza mortero de yeso que al fraguar expande trabando el conjunto como una cáscara. Esta primera capa sirve de encofrado para las demás, recibidas con mortero de cemento. Estas bóvedas necesitan tirantes transversales o contrafuertes para absorber el empuje lateral. Las cubiertas utilizan grava y arena mezcladas con tierra para aislar. Las ventanas son todas de mínimas dimensiones a excepción de unas grandes aberturas al sur que se abren sobre las terrazas.

Week-end houses in Garraf, Barcelona (Spain), 1935

This is a group of minimal houses destined to be beach huts and short-stay residences. Their composition is based on the relation of a number of rectangular prisms, with some additional, curved spaces (to allow for the chimneys and showers), arriving at various solutions using the same principle. This juxtaposition of rectilinear spaces and curves is found in popular Mediterranean architecture, to which Sert and Torres Clavé paid special attention in the magazine A. C., of which they formed part. From the point of view of construction, they return to traditional methods. Spaces are covered with Catalan roofs, made up of three layers of flat bricks. The first layer uses gypsum plaster mortar, which expands as it sets, locking the construction together and forming a shell. This first layer acts as a base for the rest, which are laid with concrete. These roofs require transversal braces or buttresses, to absorb lateral thrust. Gravel and sand, mixed with earth, are used for insulation in the roof, and the windows are all of the smallest size, with the exception of the large, picture-windows facing south and opening onto the terraces.

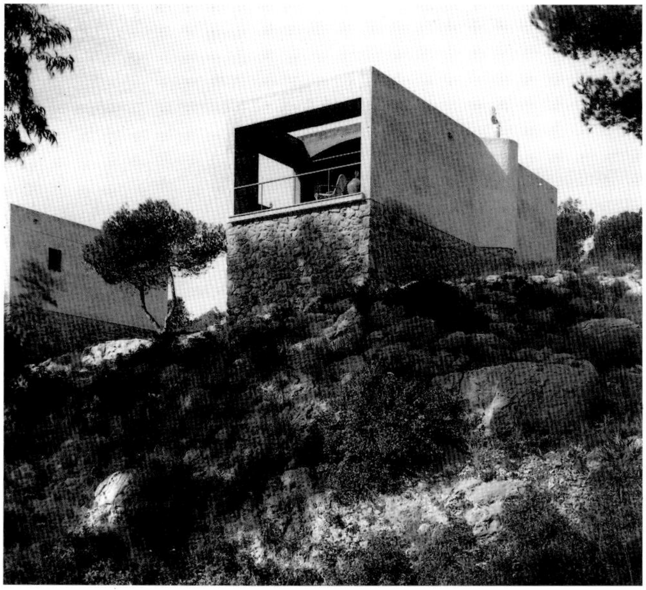

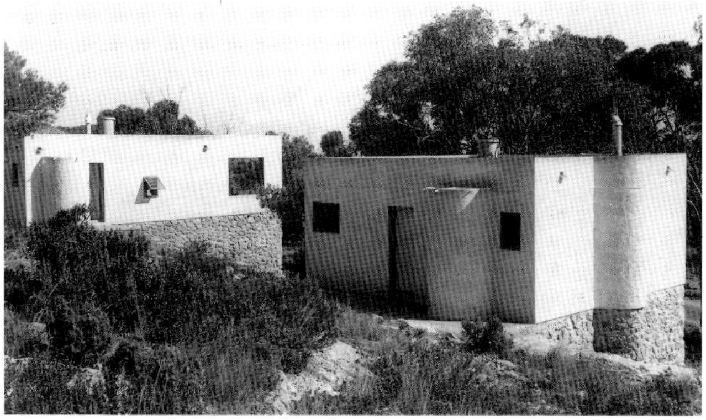

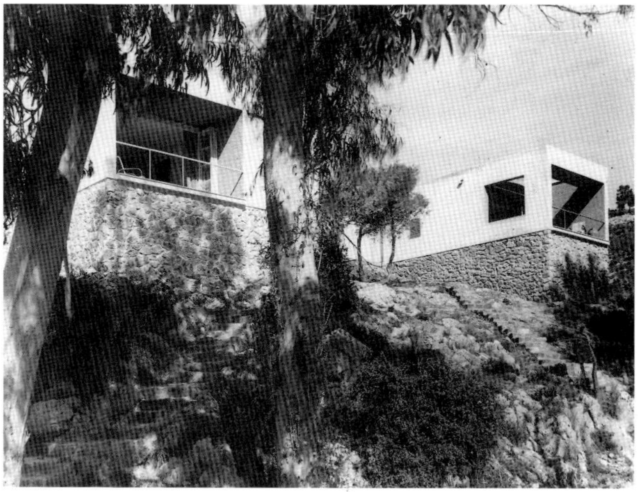

GARRAF
TIPO A

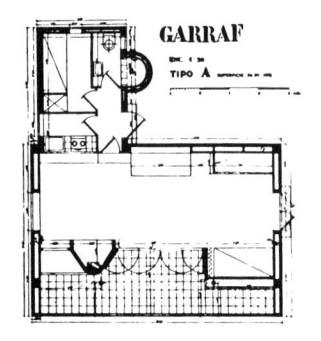

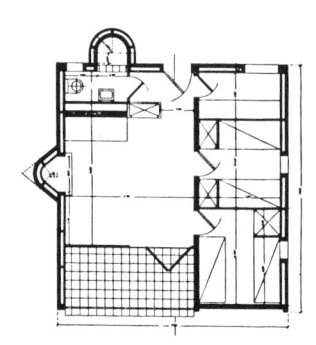

Plantas de las distintas unidades

Ground plans of the various units

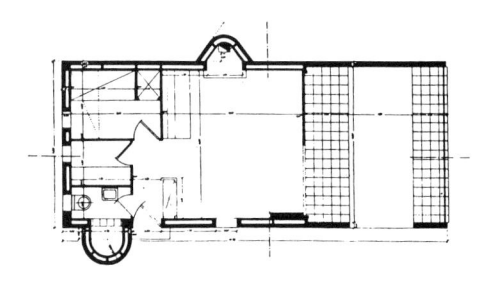

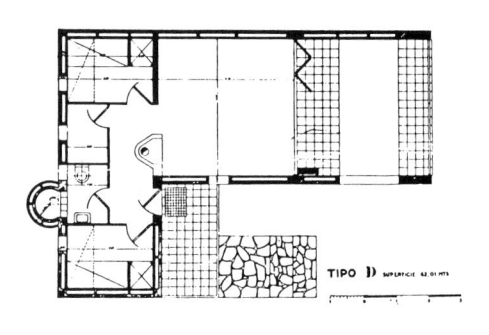

TIPO D

66

Sección

Section

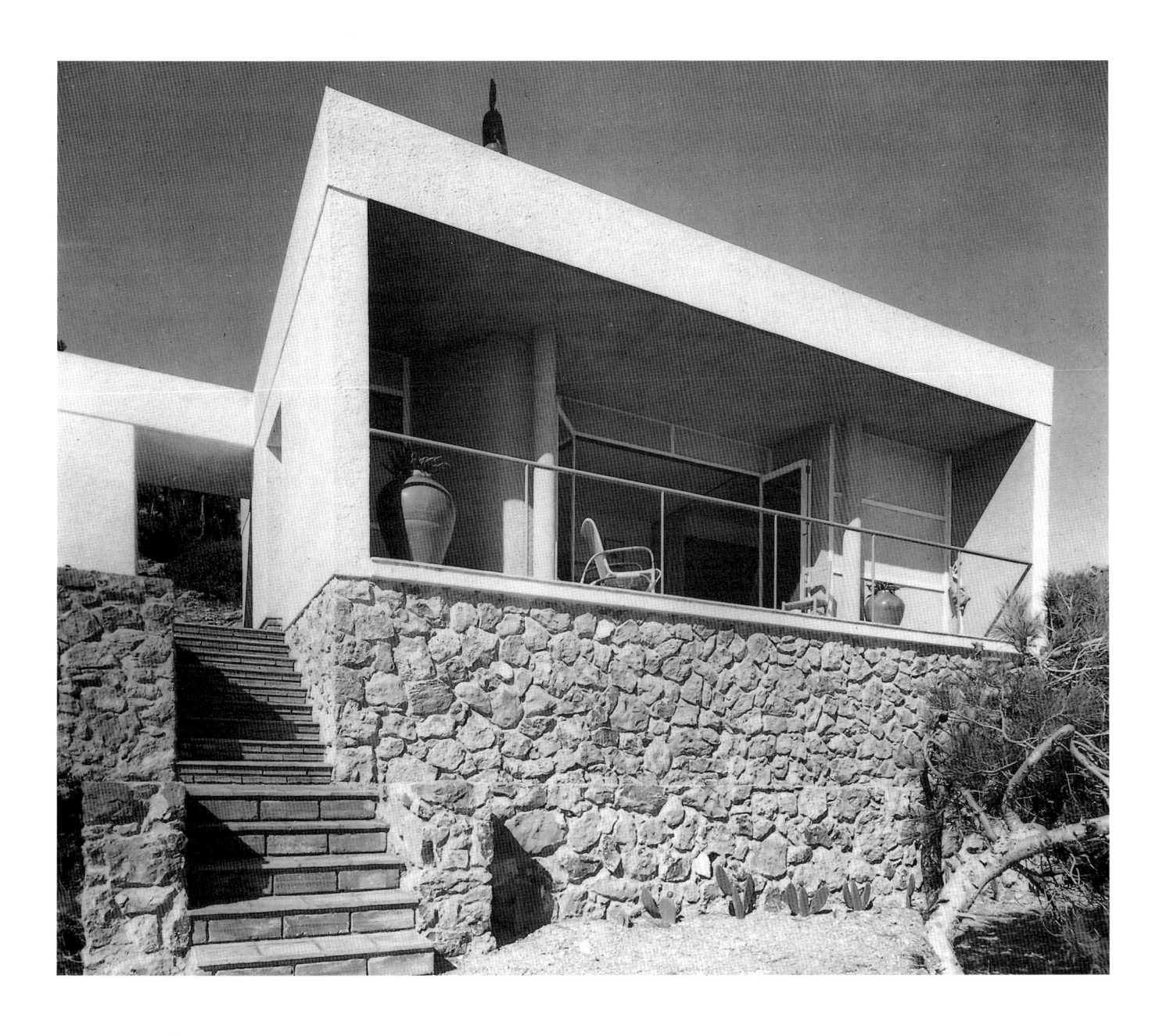

Gio Ponti

**Una pequeña casa ideal,
1939. Proyecto**

Gio Ponti realizó varios proyectos de pequeñas casas imaginarias para la revista *Domus* (y más tarde para *Stile*) situadas en lugares también imaginarios de la Riviera italiana, de la isla de Elba, de las costas del Adriático o del golfo de Nápoles.

Ponti las definió como casitas para breves y felices estancias, para llegar con poco equipaje, en donde sea posible vivir con libertad. Estos son los argumentos que le llevan a una libre composición de paredes, buscando vistas internas y externas, efectos lumínicos diurnos y nocturnos, imaginando frescos y ardientes colores para los techos, los pavimentos, los revestimientos. Una pequeña arquitectura pensada con mentalidad de pintor, creando una escenografía para la figura humana y un gran espectáculo visual. Cielo, tierra y mar se toman como imágenes a combinar poéticamente con elementos arquitectónicos como entrada, chimenea o ducha y así lograr una sucesión de encuadres pictóricos.

*A little dream house,
1939. Project*

Gio Ponti drew up various plans for small, imaginary houses for the magazine "Domus" (and later, for "Stile"). The houses were situated in equally imaginary places, on the Italian Riviera, the Isle of Elba, or on the coasts of the Gulf of Naples or the Adriatic.

Ponti defined them as little houses for brief, happy stays, arriving with little luggage, and in which it would be possible to live as one pleased. These are the arguments that lead him to free composition of walls, in search of internal and external views, and day and night-time light effects, imagining fresh, bright colours for the ceilings, floors and finishes. This is reduced architecture, thought out with a painter's mentality, creating a scenography for the human figure, and a marvellous visual spectacle. Sky, land and sea are taken as images to be poetically combined with architectural elements, such as the entrance, chimney or shower and, thus, achieve a succession of pictorial settings.

...piccole nicchie nei muri per il gioco di comporre nature morte con oggetti curiosi.

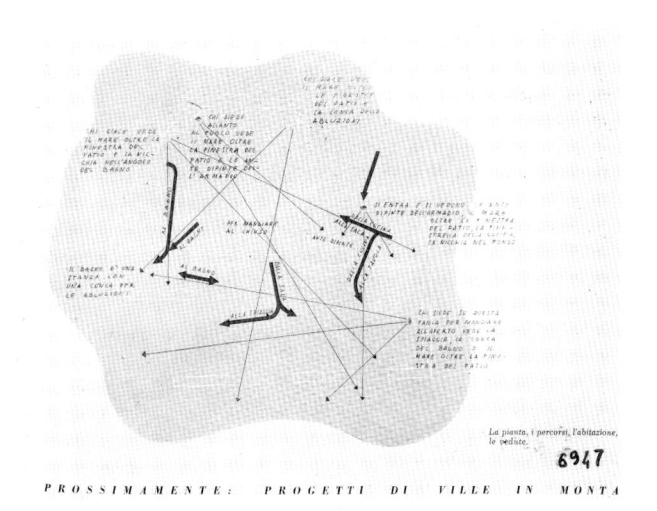

La pianta, i percorsi, l'abitazione, le vedute.

PROSSIMAMENTE: PROGETTI DI VILLE IN MONTA

69

Philip Johnson

**Casa Philip Johnson,
Cambridge, Massachusetts (EE UU), 1942
En asociación con S. Clements Horsley**

*Philip Johnson House,
Cambridge, Massachusetts (USA), 1942
In association whith S. Clements Horsley*

La primera casa de Philip Johnson en Cambridge responde al miesiano lema «menos es más». Es un claro ejemplo de una tipología en donde la planta libre se presenta como una nueva manera de vivir. La flexibilidad de su distribución, con sus tabiques móviles, permite reorganizar la casa según los momentos. Las distintas estancias pueden abrirse o cerrarse mediante paneles y cortinas correderas. Una gran pared de vidrio permite la incorporación visual del patio delantero al espacio habitable. Un muro perimetral encierra casi la totalidad del solar sin respetar el tradicional esquema suburbano norteamericano que no reconoce barreras entre la propia casa y la del vecino. La extroversión de la propia casa contrasta con la introversión de la misma respecto al contexto en el cual se sitúa.

En el interior nada es casual, nada es accidental. La chimenea de la sala de estar se sitúa en el centro exacto de una pared discretamente revestida de madera. Todo el mobiliario (diseñado por Mies van der Rohe) se dispone con absoluta regularidad a ambos lados de una mesita baja cuadrada. Como se decía en una revista de la época, esta casa sería impensable para una familia típica americana, pero no lo era para el arquitecto, soltero, para el que se construyó.

Philip Johnson's first house in Cambridge responds to the Miesian motto of "less is more". It is a clear example of the typology in which open plan is presented as a new way of living. Its flexibility of distribution, with its movable screens, allows the house to be reorganised in accordance with the moment. The different rooms may be opened or closed by means of sliding panels and curtains. A large, glazed wall facilitates the visual incorporation of the patio in front of the living space. A perimeter wall encloses almost all of the property, so failing to respect the traditional North American suburban plan which does not recognise barriers between one's own house and that of the neighbour. The extroversion of the very house contrasts with its introversion in regard to the context in which it is placed.

Inside the house, nothing is left to chance, nothing is accidental. The living-room chimney is set precisely in the middle of a discreetly wood-panelled wall. All of the furniture (designed by Mies van der Rohe) is arranged with absolute harmony on either side of a low, square coffee-table. As a magazine of the time once said, this house would be unthinkable for a typical American family, but not so for the architect for whom it was built, who was single.

71

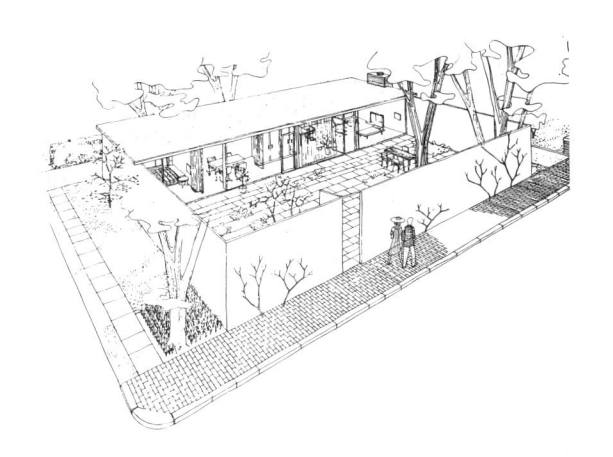

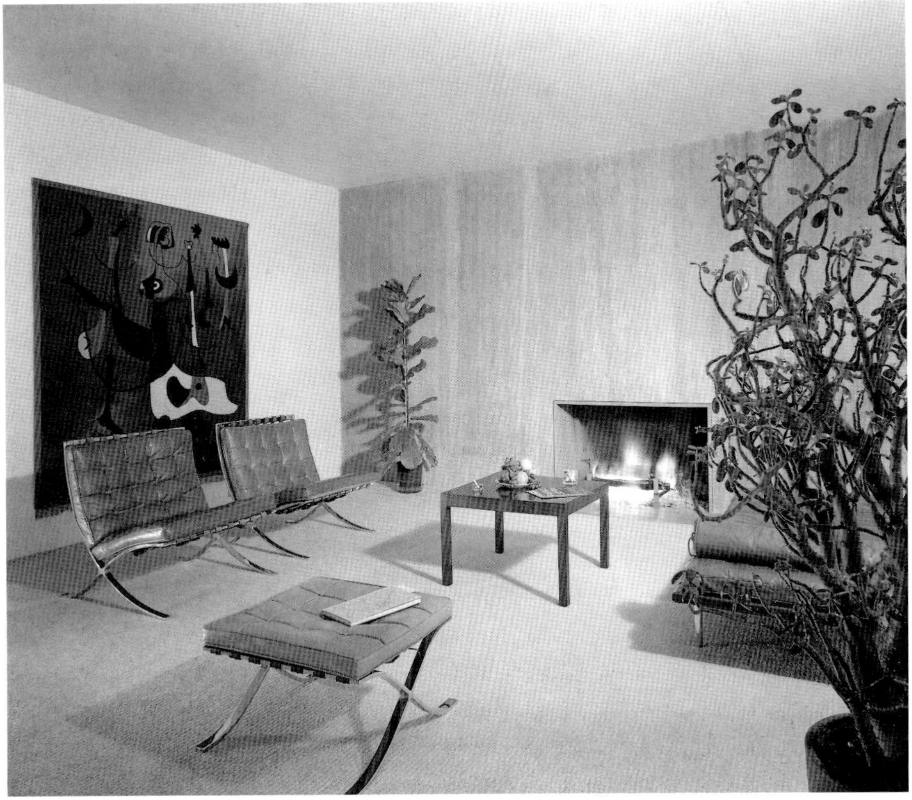

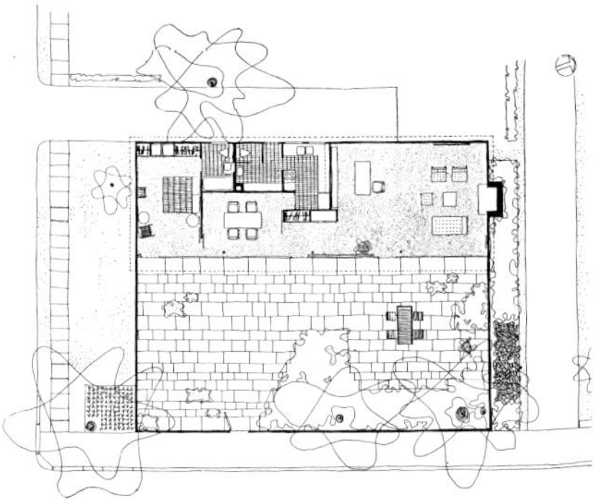

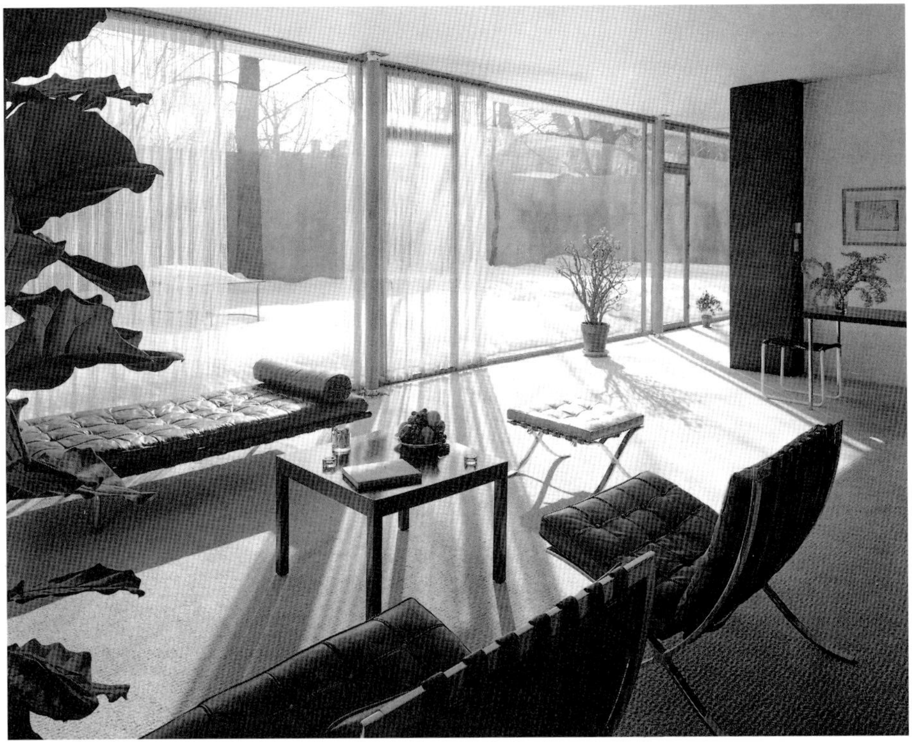

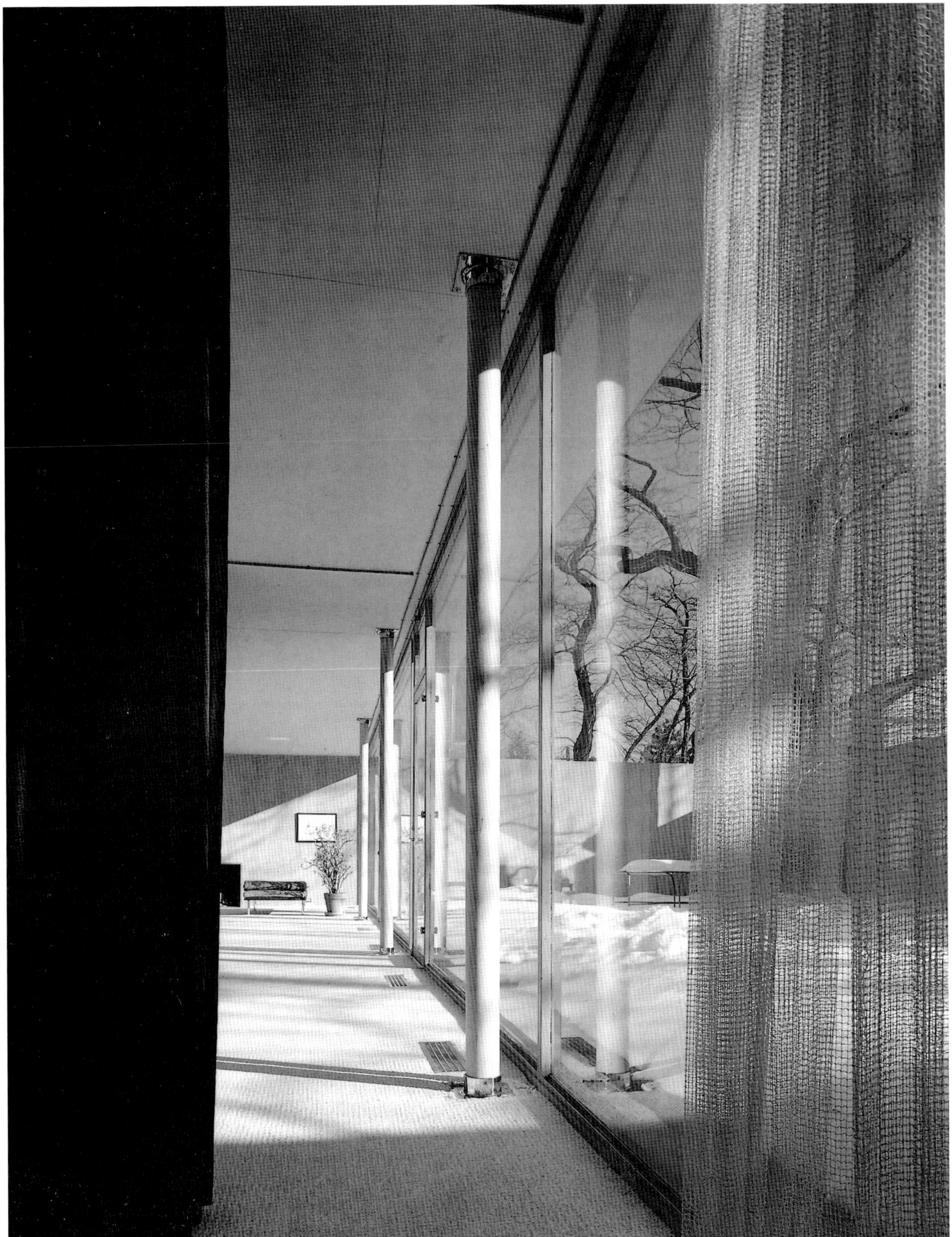

Pino Pizzigoni

Casa unifamiliar mínima, Bergamo (Italia), 1946

Esta pequeña casa unifamiliar es el resultado de un concurso convocado por el Colegio de Constructores de Bergamo. El concurso trataba de recoger ideas para la construcción de casas económicas. Una minuciosa atención a la relación hombre-espacio es la base de este proyecto. La casa, de planta casi cuadrada, parece desarrollarse en un solo nivel desde el exterior. La complejidad de la tipología propuesta «explota» en el interior, donde un complicado sistema de altillos a alturas variables, en el cual se sitúan los dormitorios, se sobrepone a las zonas de estancia a cota de planta baja. La conexión entre los distintos niveles se soluciona con una singular escalera de peldaños compensados. Las alturas de los altillos varían según las necesidades de las distintas funciones. Así, por ejemplo, el espacio de debajo de la cama se aprovecha para dar cabida a la mesa del comedor de la planta baja. Se cuestionan las medidas tradicionales del espacio del hombre, para llegar a disminuirlo allí donde sea posible, y se redistribuyen de modo que a la integración de espacios le corresponda una unificación de funciones. A la complejidad tipológica le corresponde una sencillez estructural y constructiva. Se utilizan materiales pobres, pero de durabilidad comprobada y sistemas constructivos próximos y tradicionales. Esta actitud posteriormente hubiera podido calificarse de neorrealista.

Minimal detached house, Bergamo (Italy), 1946

This small, family house is the result of a competition organised by the Association of Builders of Bergamo. The competition aimed to gather ideas about the construction of cheap houses. The basis of this project is a minute attention to the person-space relation. The house, almost square in shape, seems from the outside to be extended over one single storey. The complexity of the typology proposed "explodes" inside the house, where a complicated system of lofts, at differing heights and in which the bedrooms are situated, is constructed over the ground floor living space. Communication between the different levels is achieved by way of a curious staircase with overlapping treads. The heights of the lofts vary, according to the needs of the different functions. So, for example, the space under the bed is used to give head-room for the dining-room table, on the ground floor. The traditional dimensions of a person's space are questioned, in order to reduce them, where possible; they are then re-distributed in such a way that a unification of functions corresponds to the integration of spaces. A certain constructional and structural simplicity corresponds to a typological complexity. The materials used are poor, but of proven durability, and the methods of construction employed are local and traditional. This attitude could, with hindsight, have been qualified as neo-realist.

Plantas baja y altillo, secciones y alzado, perspectiva de la posible disposición en serie y detalles

Ground floor and mezzanine, sections and elevations, perspective of possible series arrangement and details

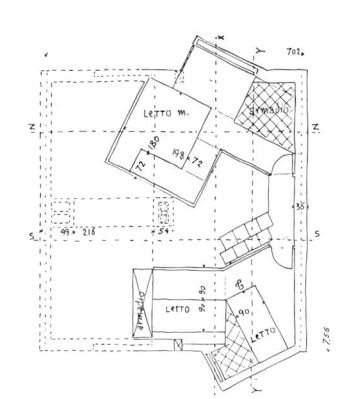

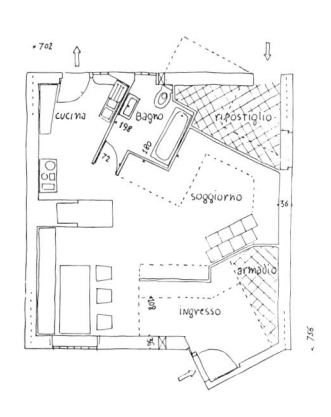

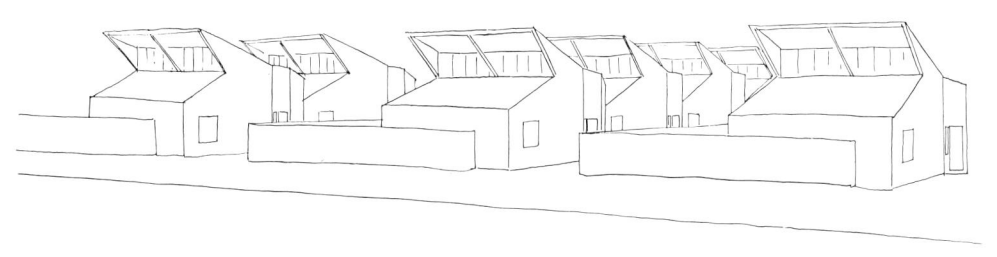

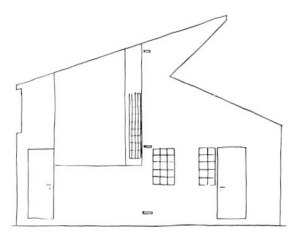

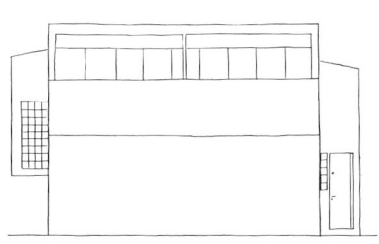

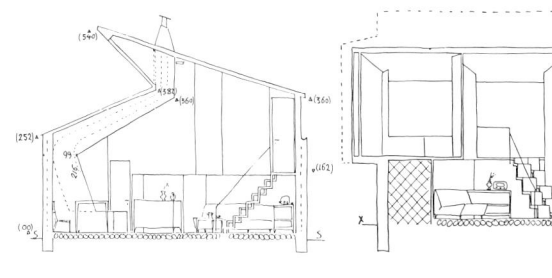

Edward Cullinan

Casa Marvin, Stinson Beach, California (EE UU), 1960

Marvin House, Stinson Beach, California (USA), 1960

Esta casa recoge los dos aspectos dominantes del lugar donde se sitúa. La rudeza de un terreno abrupto y la expansividad de las vistas, con el océano Pacífico al fondo.

Anclada contra una gran roca, una galería longitudinal formada por paneles de madera rojiza y vidrio se abre sobre el paisaje. Se prevé un uso versátil del espacio, donde dormir, comer o sentarse alrededor de una chimenea que se encuentra frente a la entrada.

A un lado se construyen, con bloque de hormigón, una serie de pequeñas celdas, iluminadas cenitalmente, para albergar actividades secundarias como asearse, vestirse y cocinar. Es una construcción tectónica, anclada en la roca, que contrasta con la ligereza de la galería en madera y vidrio.

Se proyectó un pequeño pabellón para invitados colina abajo.

Esta casa ha sido ampliada y alterada posteriormente.

This house brings together the two dominant aspects of its location, the roughness of its rugged terrain and the views it commands with the Pacific Ocean as a backdrop.

Anchored against an enormous rock, a longitudinal gallery, made of panels of reddish wood and glass, opens out to the countryside. This space is intended to be versatile, for sleeping, eating, or just sitting around the fireplace, just in front of the door.

On one side there are a number of small cells, built of concrete blocks and with overhead lighting, which house secondary activities such as bathing, dressing and cooking. This is a tectonic construction, anchored in rock and contrasting with the airiness of the glass- and wood-built gallery.

A small guest-house was planned for a site lower down the hill.

The original house has subsequently been extended and altered.

Axonometría del conjunto

Axonometric projection of the group

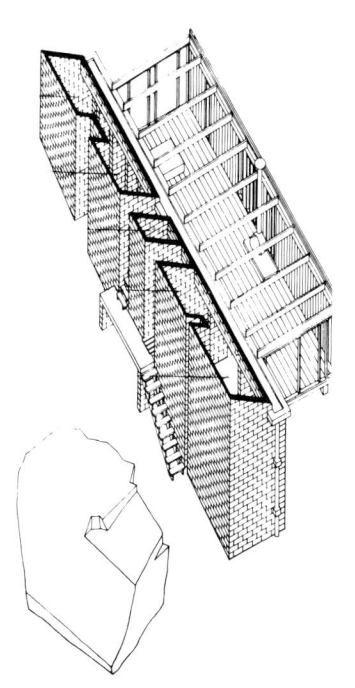

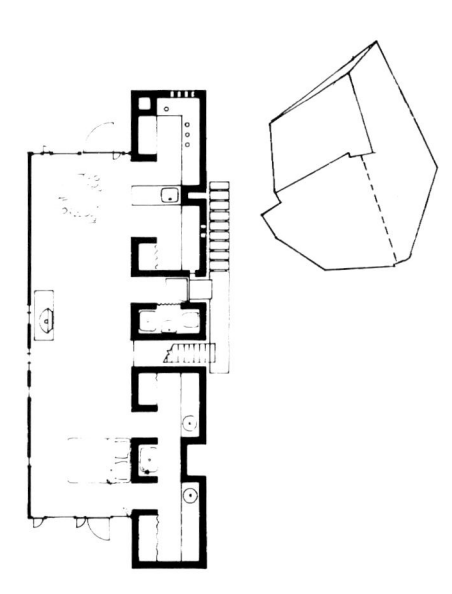

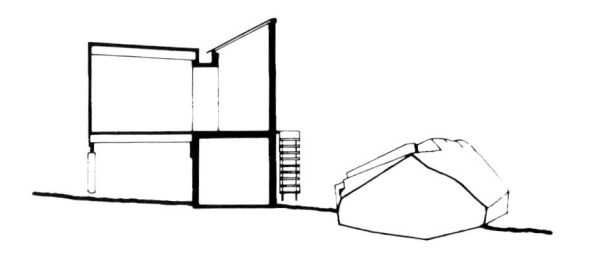

Planta y sección transversal

Ground plan and transverse section

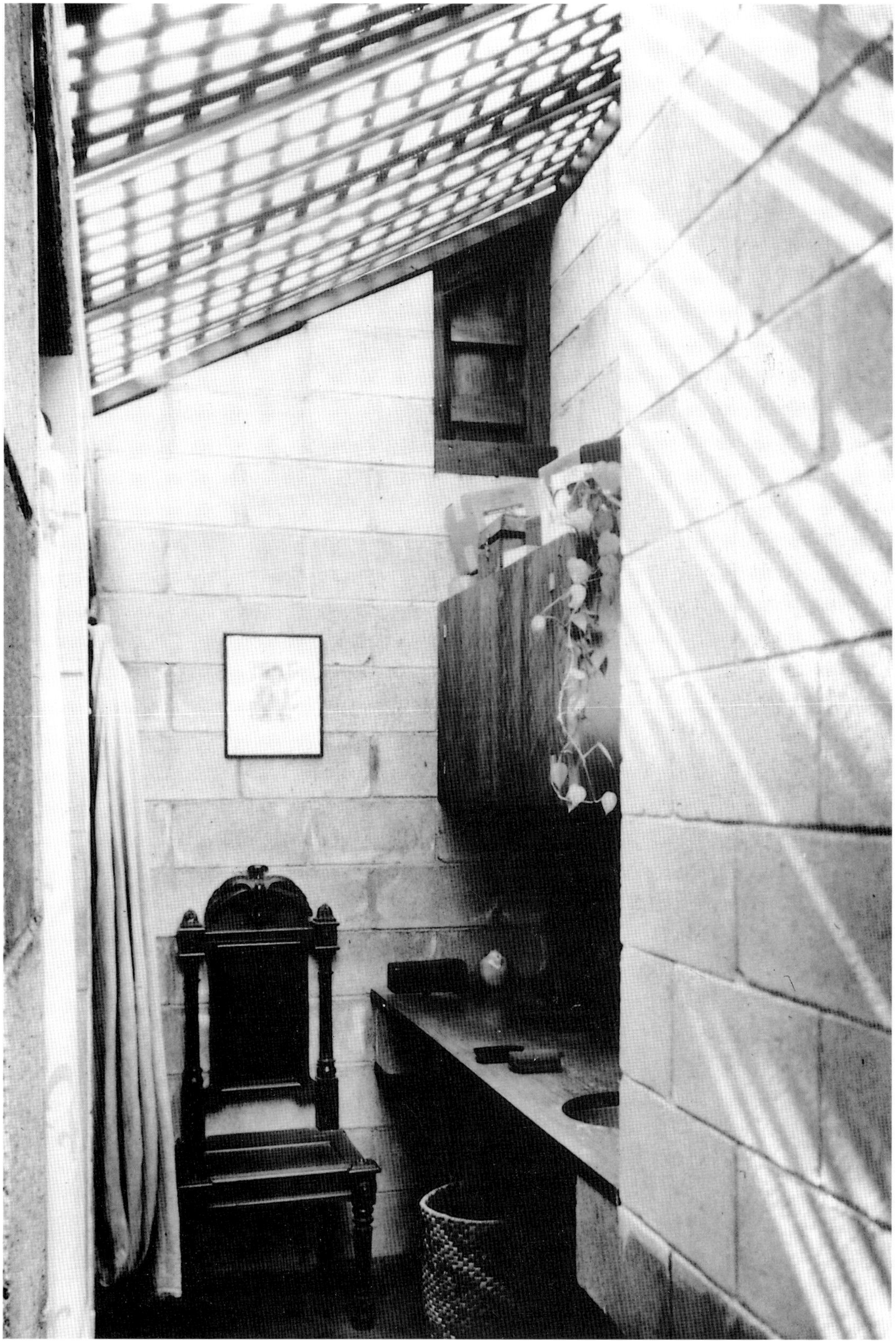

Peter Willmott

**Casa para un artista,
Hobart (Tasmania), 1989**

Esta casa está situada en una zona suburbana, en un solar residual junto a un depósito de agua y con magníficas vistas panorámicas

A simple vista no hay nada que llame la atención. Parece una construcción ordinaria, una nave industrial cualquiera, que se desenvuelve con extrema sencillez. Un estudio más detallado revela la existencia de una sutileza que por ser tan reduccionista es casi imperceptible. Es una caja de 9 x 10 x 2,8 m con un único espacio donde descansar, trabajar, cocinar, comer y dormir. Tan sólo existen dos tabiques que encierran el baño y la despensa. Una gran ventana, con una división casi simétrica, preside el espacio. Está situada a una altura que protege la intimidad sin necesidad de cortinas o persianas, y permite ver la ciudad cuando se está en pie, las colinas al sentarse y el cielo al recostarse. En el interior, la textura, el color y el peso de los materiales reciben una esmerada atención. Las paredes son de bloques de hormigón visto. Donde termina la pared del baño, empieza un panel de chapa de acero galvanizado con un tablero de corcho en su cara interior, correspondiendo a la zona de trabajo. El suelo es de cemento con un acabado de poliuretano, con una línea que lo divide diagonalmente en dos y que corre paralela al despiece a 45 grados de las placas de madera contrachapada del techo, introduciendo cierto dinamismo.

*House for an artist,
Hobart (Tasmania), 1989*

This house is situated in a suburban zone, on a residuary site next to a reservoir, commanding magnificent, panoramic views.

At first sight there is nothing about it to attract attention. It seems an ordinary construction, some sort of industrial building of extremely simple lines. A more detailed study, however, reveals the existence of a subtlety which, being so reductionist, is almost imperceptible. The house is a box measuring 9 x 10 x 2.8 m., with one, single space in which to rest, work, cook, eat and sleep. There are only two interior walls, which enclose the bathroom and larder. One large window, with almost symmetric division, presides over the space. It is situated at a height which protects privacy without the need for curtains or blinds, but allows one to see the city when standing, the hills on sitting, and the sky when lying down. Inside the house, the texture, colour and weight of the materials, and the transition from one to the other, receive painstaking attention. The walls are blocks of bare concrete. Where the bathroom wall ends, a galvanized steel panel begins, with cork lining on the side facing the work area. The floor is made of concrete, with a polyurethane finish, and with a line which divides it diagonally in two. The line runs parallel to the at 45-degree joints between the plywood lining panels of the ceiling, thus introducing a certain dynamism.

Planta y secciones

Ground plan and sections

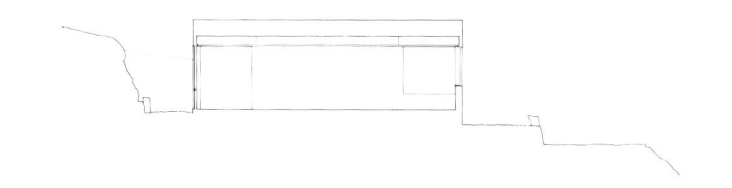

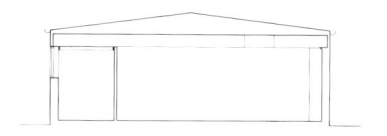

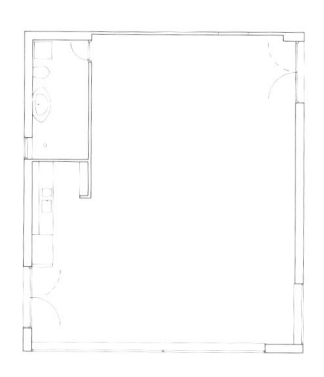

81

Breuer/Gropius

**Casa Chamberlain,
Wayland, Massachusetts (EE UU), 1941**

Breuer, al poco de llegar de Europa, proyectó esta vivienda, conjuntamente con Gropius, muy influido por la construcción americana. El entramado es de madera, de elementos muy ligeros, pero suficientemente fuerte como para resistir todas las cargas y todos los esfuerzos, incluso el empuje ascensional y el remolino producido por los huracanes, que impresionaba fuertemente a Breuer. También descubrió que este entramado podía actuar como si se tratase de una estructura reticulada y que era especialmente resistente al ser reforzado con maderas en diagonal o con contrachapados. La utilización de la pared americana como cercha es el principio estructural que le permite conseguir la calidad casi flotante de esta casa.

Esta construcción en madera descansa sobre un basamento en piedra que sirve de trastero. En planta se observan dos zonas: una estrecha que engloba cocina, baño y vestidor, y otra más ancha, con el dormitorio y el estar divididos por una gran chimenea de piedra como cuerpo aislado.

*Chamberlain Cottage,
Wayland, Massachusetts (USA), 1941*

Breuer, assisted by Gropius, designed this dwelling shortly after arriving from Europe, and heavily influenced by American construction. The framework is made of wood and other elements which are light, but strong enough to withstand most loads and forces, even the upward thrust and whirlwind produced by the hurricanes which so impressed Breuer. He also discovered that this framework could serve as a reticulated structure, which was particularly resistant when reinforced with diagonal wooden beams or cross-struts. The use of the American wall as a skeleton is the structural principle which leads to an almost floating quality of this house.

This wooden construction is built on a rock base which also acts as a back-yard. The design reveals two zones, one of them narrow, comprising the kitchen, bathroom and dressing-room, and the other, wider, with the bedroom and living-room. A large free-standing stone fireplace divides these two rooms.

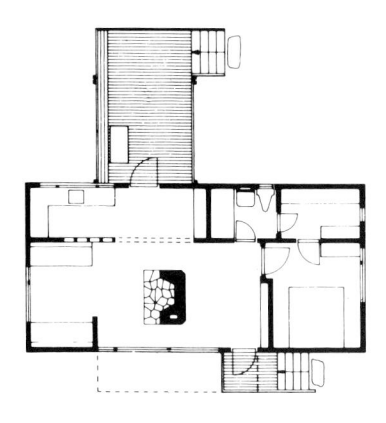

Plantas baja y piso

Ground and first floors

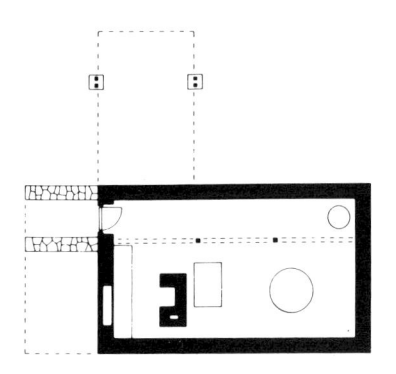

83

Paul Rudolph

Casa Healey (Cocoon House), Siesta Key, Sarasota, Florida (EE UU), 1948-1949
Ralph Twitchel, colaborador

Ésta es una de las primeras obras de Rudolph, de las cuales él mismo destacaba, años más tarde, la integridad arquitectónica y la adscripción a los principios metodológicos del Estilo Internacional aprendidos de Breuer en Harvard, adaptados al clima de Florida. La estructura como factor generador del diseño es aquí un hecho evidente. La espectacular cubierta tensionada está formada por un «sandwich» de tablero contrachapado, aislante de fibra de vidrio y una pulverización plástica, empleados en las cubiertas de los acorazados. Un calculado pandeo de los pilares de madera fue controlado por medio de cables anclados en el hormigón de los cimientos. Un ejercicio de exhibicionismo estructural otorga a esta casita una sensación de fuerza y ligereza. El interior presenta una clara voluntad de expansión hacia el exterior gracias a la contracurva de la cubierta, algo que posteriormente Rudolph calificó de inadecuado: «La cubierta, como símbolo universal de hogar, no debería presionar al habitante hacia el exterior, sino que debería dirigir el espacio hacia el interior o incluso hacia arriba en ciertas ocasiones.»

Healey House (Cocoon House), Siesta Key, Sarasota, Florida (USA), 1948-1949
Ralph Twitchel, collaborator

This is one of Rudolph's earlier works. Years later, he would draw attention to the architectural integrity of these works, and their adhesion to the methodological principles of "International Style", learnt from Breuer at Harvard, and adapted to the Florida climate. Structure as a generating factor of design is an inescapable fact here. The spectacular tensioned roof is made up of a sandwich of plywood board, glass-fibre insulation and pulverised plastic, as used for the decks of battleships. A calculated distortion of the wooden columns was controlled by means of cables, anchored in the concrete of the foundations. An exercise in structural exhibitionism lends this little house a sensation of strength and lightness. The interior presents a clear resolve for expansion towards the outside, thanks to the counter-curving of the roof. Rudolph later described this as unsuitable: "The roof, as the universal symbol of the home, should not encourage the occupant towards the outside, but should direct the space towards the interior, or even upwards, on certain occasions."

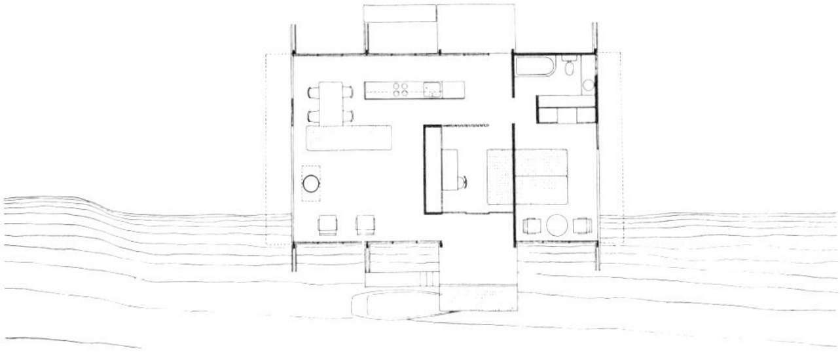

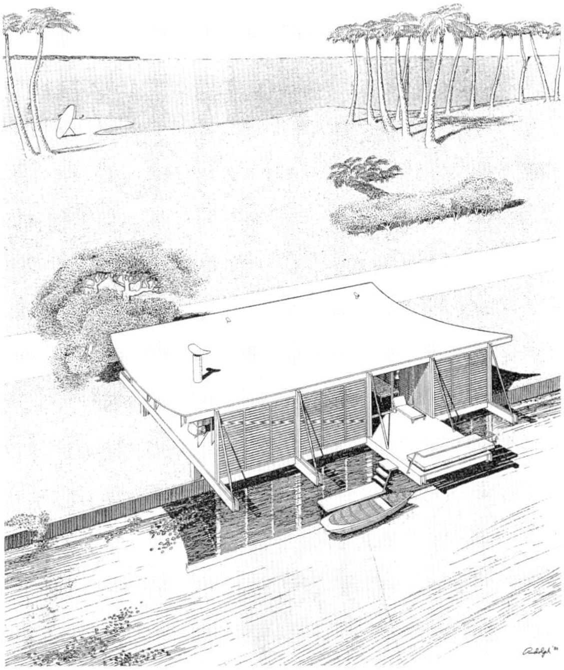

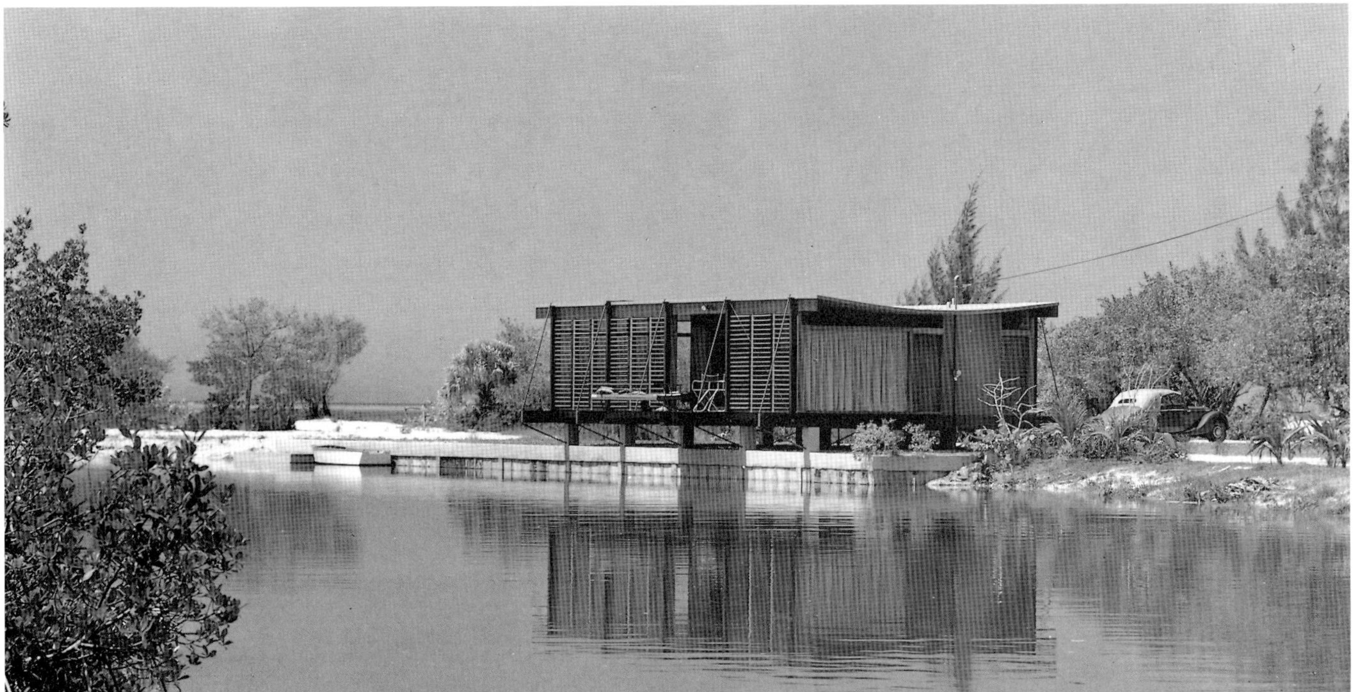

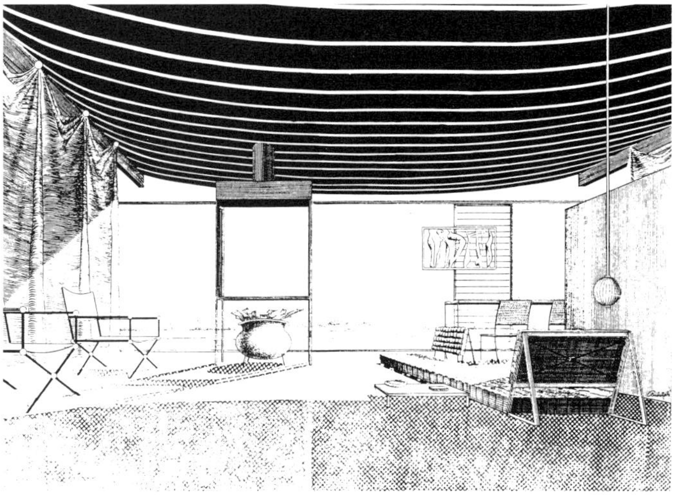

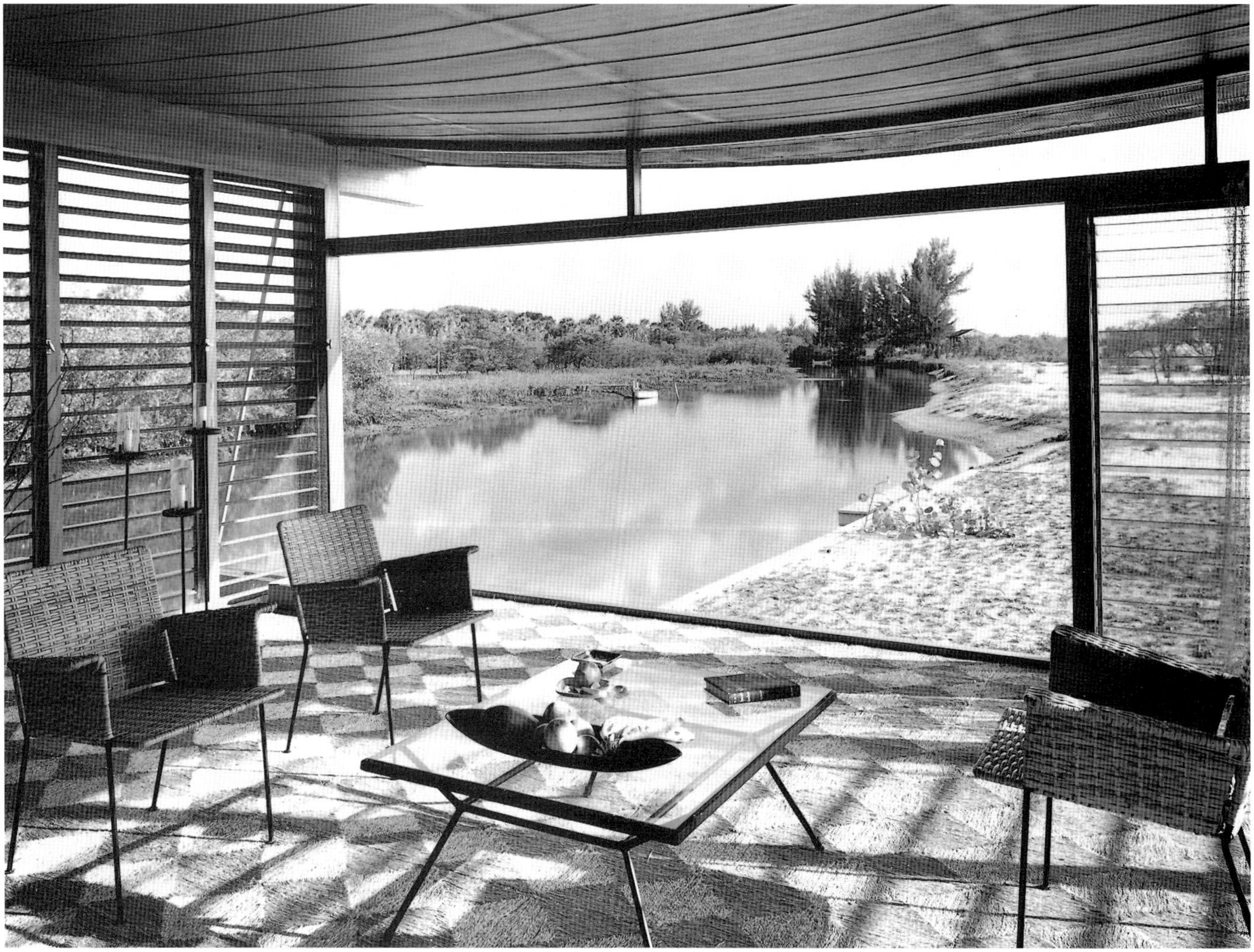

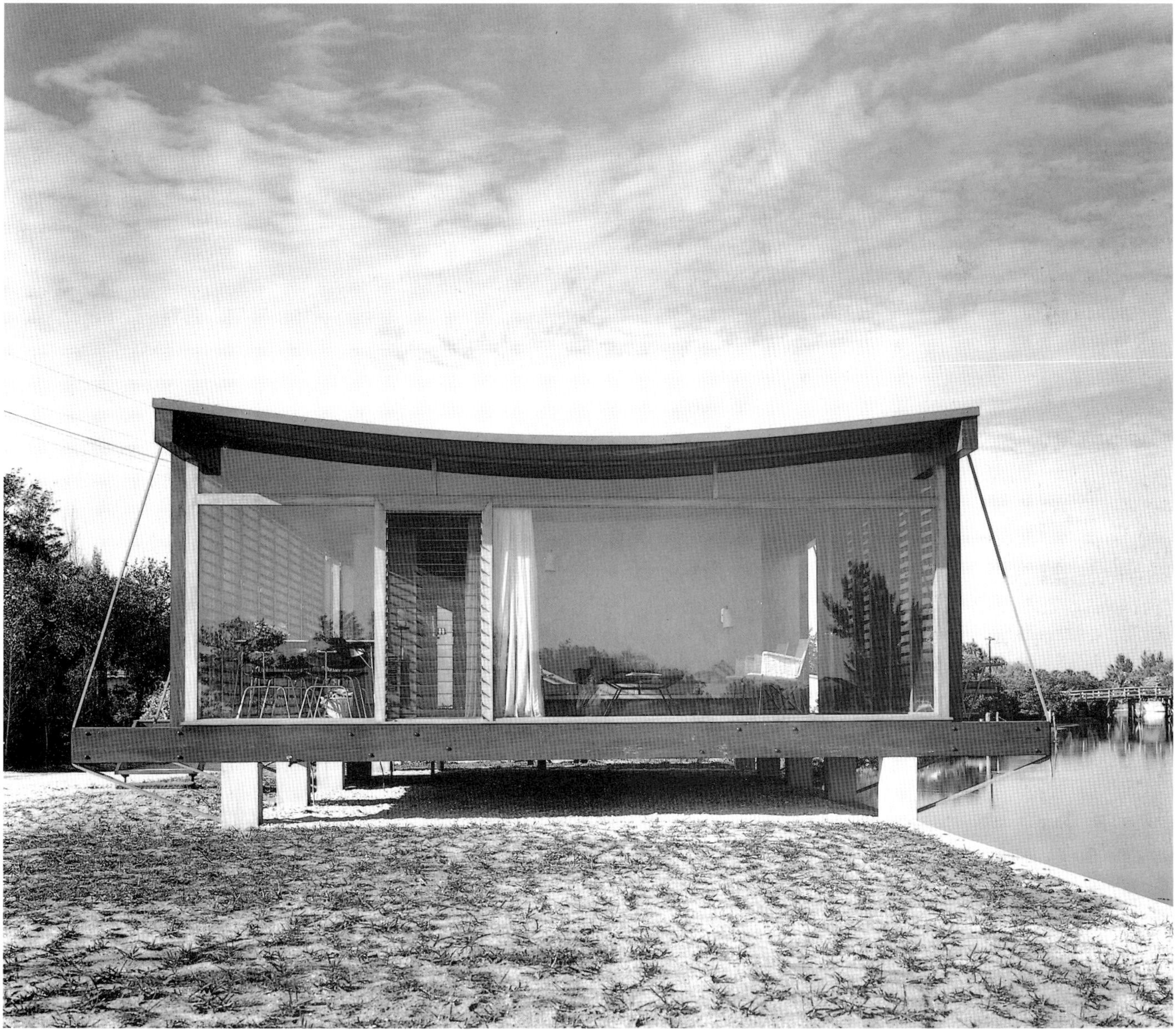

Harry Siedler & Associates

Casa Rose,
Turramurra, NSW (Australia), 1950

Ésta es una casa para una pareja con una hija mayor que quería cierta independencia. La casa se eleva del terreno para tener así mejores vistas sobre el paisaje que la rodea. Todas las estancias se abren hacia el Valle coincidiendo con la orientación norte. La terraza cubierta continua permite tratar esta fachada con puertas correderas acristaladas, quedando protegida de la radiación solar directa.

En planta, se trata de un esquema lineal, con cocina y baño adosados, que separan dormitorio y zona de estar. El dormitorio de la hija se instala en la planta baja, con un pequeño aseo, que a su vez se utiliza de lavadero

Cuatro pilares, de los cuales cuelgan unas vigas suspendidas por tirantes, configuran la estructura de esta casa que parece levitar sobre el terreno. La diagonal de los tirantes encuentra en las escaleras su contrapunto. Con cierto plasticismo se colocan las dos escaleras que relacionan la casa con el terreno. Mientras la escalera de la fachada acristalada presenta un sólido perfil, la escalera de la opaca fachada sur, reduce sus barandillas aligerando su presencia.

El espacio libre en planta baja se utiliza como garaje. Una valla divisoria otorga privacidad al jardín con relación al camino de acceso.

Rose House,
Turramurra, NSW (Australia), 1950

This is a house intended for a couple with a grown-up daughter who wanted a certain amount of independence. The house is raised above the ground, to facilitate better views of the surrounding countryside. All of the rooms face north, overlooking the valley. The continuous covered terrace enables this façade to be designed with sliding glass doors, but still leaving it protected from the sun.

The floor-plan is of linear design, with the kitchen and bathroom separating the bedroom and living-room. The daughter's bedroom is situated on the ground floor and has a small bathroom, which also serves as a laundry.

Four pillars, from which beams are suspended by straps, make up the structure of this house, which seems to have levitated off the ground. The diagonal configuration of the straps meets its counterpoint in the stairs. The two staircases relating the house to the ground are positioned with a certain air of plasticism. While the staircase on the glazed façade has a solid profile, the stairs on the opaque, southern side have smaller banisters, providing a lighter presence.

The remaining space on the ground floor is used as a garage, and a dividing fence offers the garden privacy from the access road.

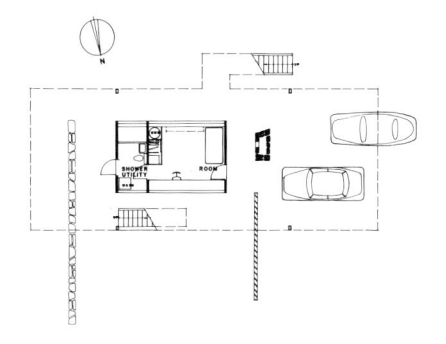

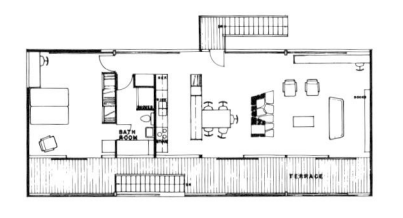

Plantas baja y piso

Ground and first floors

Paul Rudolph

Casa Walker,
Canibel Island, Florida (EE UU), 1952-1953

Walker House,
Canibel Island, Florida (USA), 1952-1953

Ésta es una de las primeras obras de Rudolph. Dos de los tramos situados en cada uno de los lados de esta casita de alquiler, están cerrados con paneles que pueden abatirse hasta la posición horizontal, gracias a un visible sistema de contrapesos (una bola de acero suspendida de un cable del mismo material) y pueden utilizarse como cerramiento, elemento de ventilación, de protección solar y para resguardarse de los huracanes. El tercer tramo está cerrado con vidrio, para facilitar luz natural y vistas. Cuando los paneles se hallan cerrados, el pabellón resulta tan abrigado como una cueva; cuando están abiertos, el espacio se convierte en un porche donde el interior y el exterior se confunden. Esta transformación espacial susceptible de cambios psicológicos fue el inicio de una constante en la obra de Rudolph.

La planta es cuadrada y está modulada también por cuadrados más pequeños, al igual que las fachadas. Una simple estructura a base de perfiles metálicos con uniones remachadas, siguiendo la misma modulación, eleva la casa respecto el terreno.

This is also one of Rudolph's early works. Two lengths of each side of this house intended for rental are built with panels which may be raised to a horizontal position, thanks to a visible system of counter-weights (a steel ball suspended on a steel cable). They may thus be used for ventilation, protection from the sun, to close the house, or as a shelter from hurricanes. The third length is fitted with glass, to provide light and views. When the panels are closed, the house seems as cosy as a cave; when they are open, the space is transformed into a porch, where interior and exterior blend. This spatial transformation, susceptible to psychological changes, was the initiation of a constant in Rudolph's work.

The floor-plan is square, and has smaller, square modules, as do the façades. Its simple structure, based on metal sections fastened by rivets and following the same modulation, elevates the house with respect to its surroundings.

91

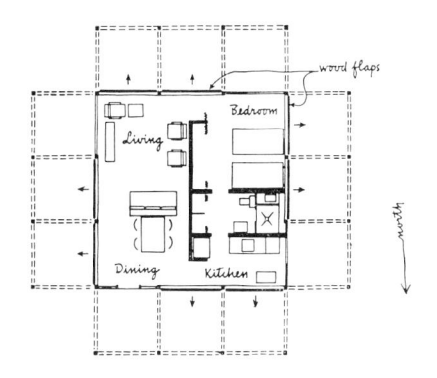

Norman Foster (Team 4)

Cockpit Gazebo,
Pill Creek, Cornualles (Inglaterra), 1964

Este encargo consistía en construir un pequeño refugio cerca de una casa también proyectada por Foster (Creek Vean). Sus propietarios, aficionados a la vela, solían navegar desde el embarcadero junto a su casa, río abajo hasta el estuario, donde las aguas tranquilas permitían acercarse a la orilla, desembarcar y preparar un picnic. Ahí se proyectó este cristalino poliedro de facetas triangulares, rectangulares y trapezoidales. La estructura principal es un casquete de hormigón empotrado en el terreno del que sobresale una cabina acristalada. Sólo los reflejos del cristal pueden denotar su presencia entre los pinos. En el interior, el hormigón se moldea para disponer unas superficies de asiento (11 personas máximo), una cocina y un fregadero de acero inoxidable. Dispone de electricidad y agua caliente. La entrada se produce a través de una ventana corredera de la parte central. La carpintería de madera presenta una geometría muy ajustada para asegurar la estanqueidad del conjunto. Esta exactitud en el detalle junto al hecho de ser una estructura ligera y diáfana sobre una base muy sólida anticipa ciertas grandes obras posteriores del mismo arquitecto.

Cockpit Gazebo,
Pill Creek, Cornwall (England), 1964

This commission consisted of building a small refuge, near a house designed by Foster (Creek Vean). Its owners, sailing enthusiasts, liked to go sailing from the jetty near their house, down the river to the estuary, where the calm waters permitted them to approach the bank, get out and have a picnic. That is where this translucent polygon, with triangular, rectangular and trapezoidal sides, was planned. The principal structure is a concrete shell, embedded in the earth, from which a glass cabin protrudes. Only the reflections in the glass reveal its presence among the pines. Inside, the concrete is moulded to provide seating areas (for a maximum of 11 people), a kitchen and a stainless-steel sink-unit. It has electricity and hot water. Access is gained through a central, sliding glass door. The geometry of the woodwork is very precise, to ensure the structure is watertight. This precision in detail, together with it being a light, translucent structure, built on a heavy base, provides a foretaste of certain great, later works by the same architect.

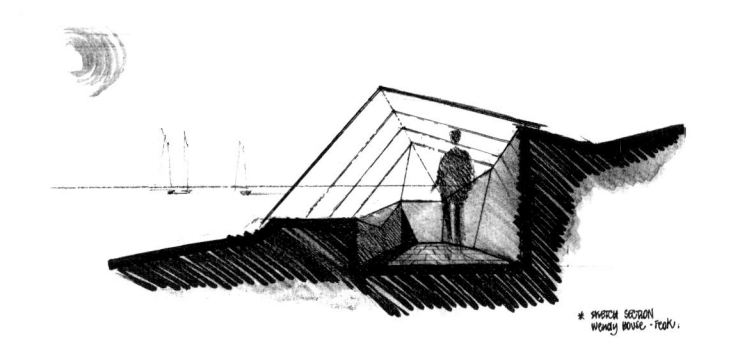

Croquis de la sección

Sketch of the section

Vista de la maqueta, planta, alzados y secciones
Views of the model, plan, elevations and sections

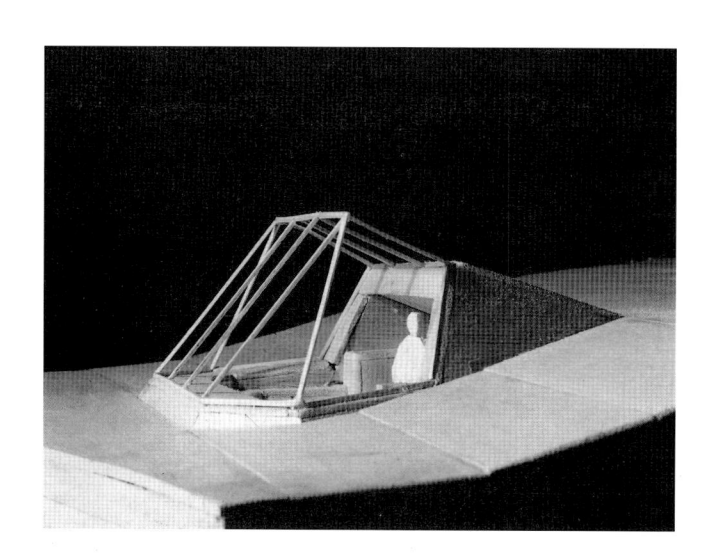

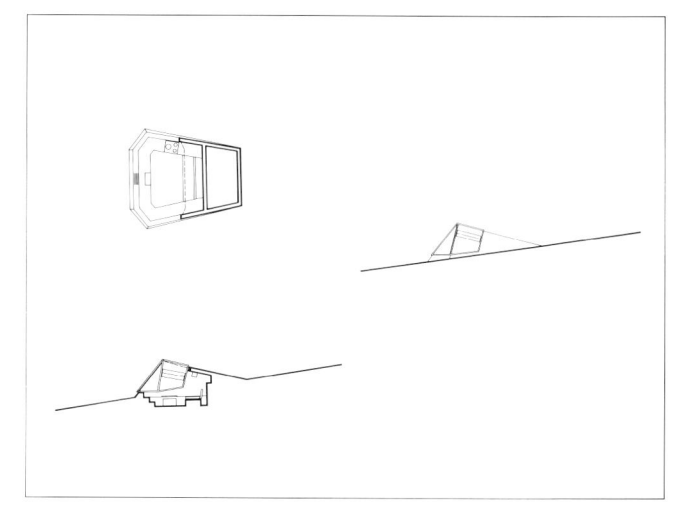

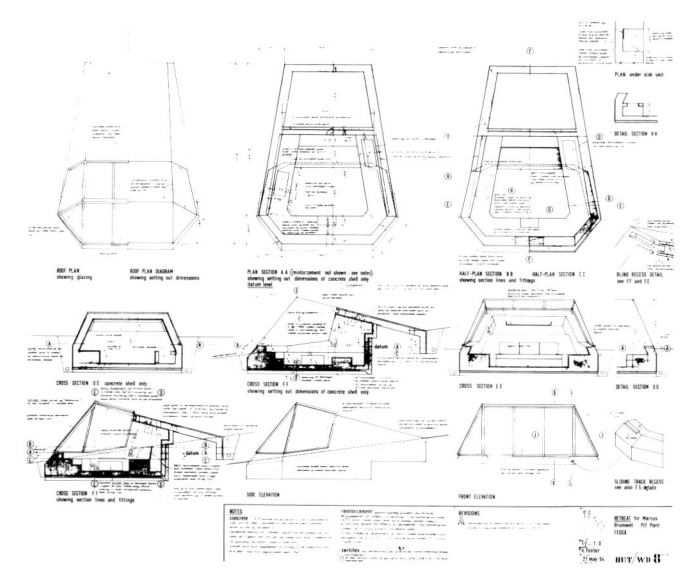

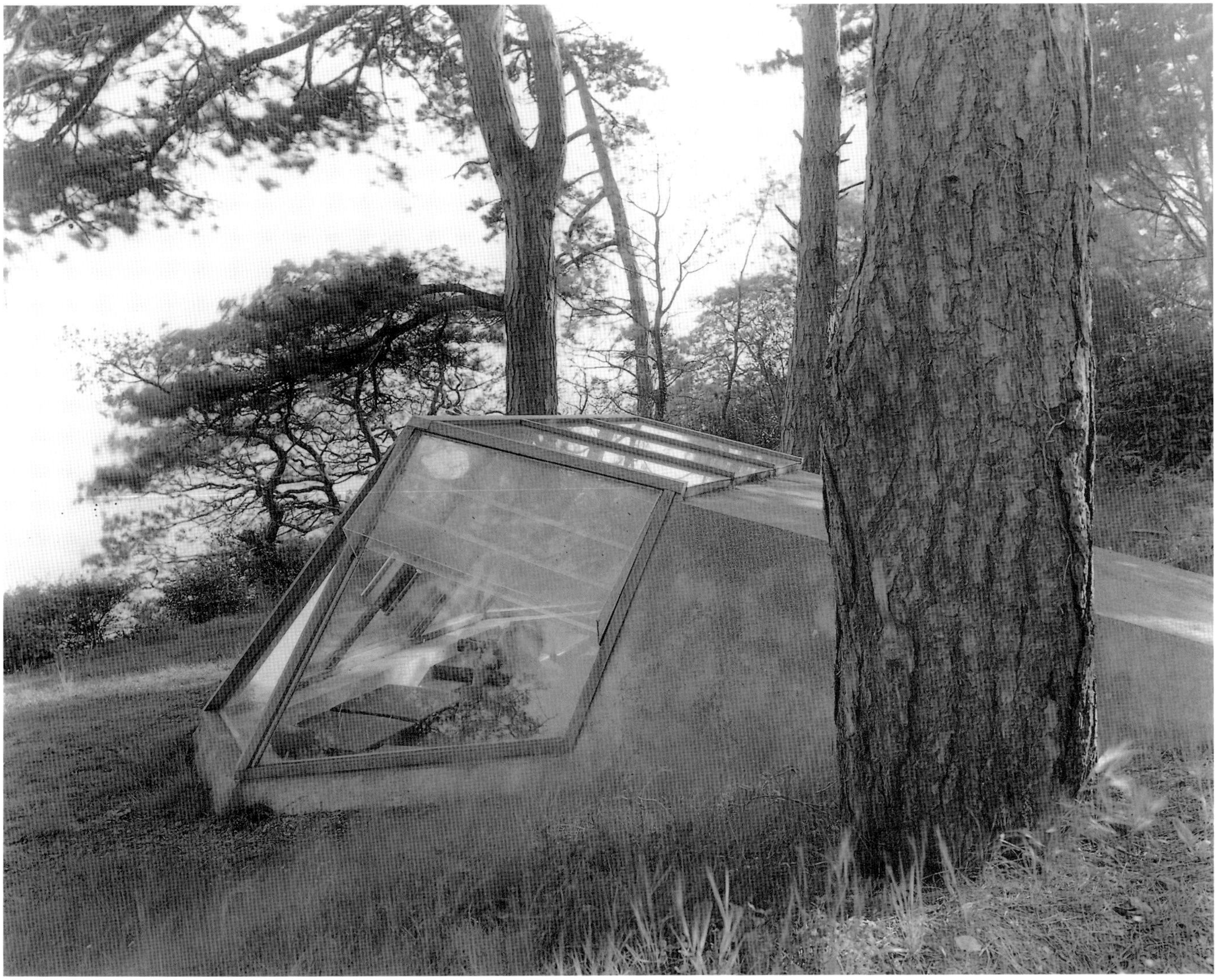

J. Manuel Gallego

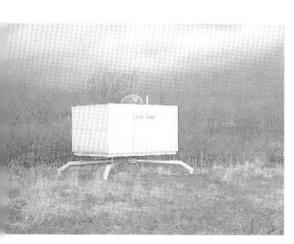

Vivienda en la isla de Arosa,
Galicia (España), 1977-1982
Co-dirección C. Trabajo y E. Ortiz

La vivienda se usa en temporadas de vacaciones. Su propietario es un pintor. Se plantea como un único espacio, dominante, que constituye un recinto habitable, vivienda y taller con un costo mínimo.

Está emplazada en una zona aislada de la isla y muy próxima al mar. El transporte a la isla de materiales es caro y complicado y desde el muelle al terreno, también presenta ciertas dificultades. Aún no hay energía eléctrica.

La construcción es un espacio formado por bloques y ventanales prefabricados de hormigón, que tienen fácil mantenimiento y unas dimensiones que no permiten el acceso a través de los mismos. Tan sólo los huecos practicables son de madera. La cubierta es de fibrocemento sobre cerchas y correas de madera. En el interior, el suelo es de gres y las paredes y techos están cubiertos de tabla de pino que a su vez protege el aislamiento. Se eleva 50 cm sobre el suelo, con un forjado, porque en invierno algunos días se cubre parcialmente de agua. En este espacio, así definido, se construye y se matiza para vivirlo mejor. Un pequeño forjado sobre las únicas paredes de fábrica de ladrillo, la parte más refugio de la vivienda, la que podría ser la célula mínima: un dormitorio y un aseo cerrados con una cocina al lado, constituye un altillo ligero que origina otro espacio.

House on Arosa Island,
Galicia, (Spain), 1977-1982
Co-direction by C. Trabajo and E. Ortiz

The house is used during the holiday season, and its owner is a painter. It was conceived as a single, dominating space, consisting of a habitable area, dwelling, and studio, at minimum cost.

It is located in an isolated area of the island, very near the sea. Transport to the island is expensive and complicated, and the journey from the jetty presents certain difficulties. Electrical power is still not available.

The building is a space formed by blocks of prefabricated concrete and large windows, which are easily maintained but of such a size that it is impossible to pass though them. The only access is through wooden openings. The roof is made of fibrous cement, resting on a wooden frame and struts. Inside, the floor is tiled and the walls and ceilings lined with pine board which, at the same time, assists in the insulation of the house. It rests on a platform, 50 cm. higher than the ground, as flooding sometimes occurs in winter. Thus defined, this space is constructed and construed for greater well-being. A light loft is formed by a small frame, erected on the house's only brick-built walls, creating yet another space, one of the most sheltered parts of the house. This could be considered its smallest cell, comprising separate bedroom and bathroom, with a kitchen at the side.

97

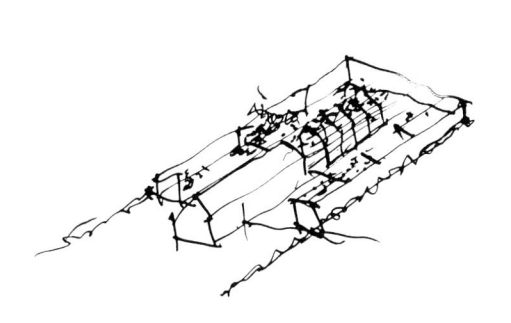

98

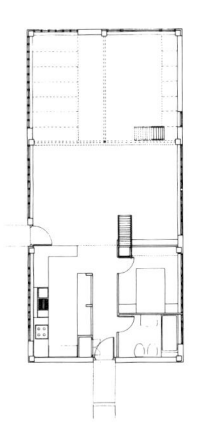

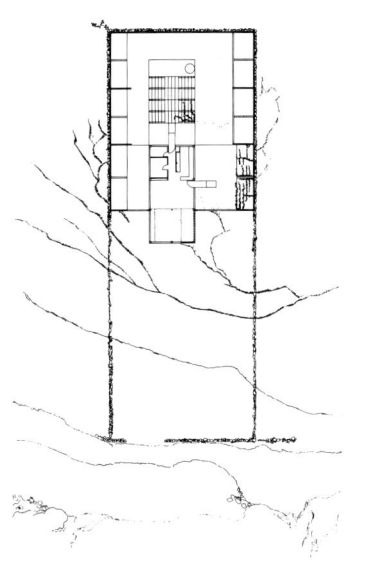

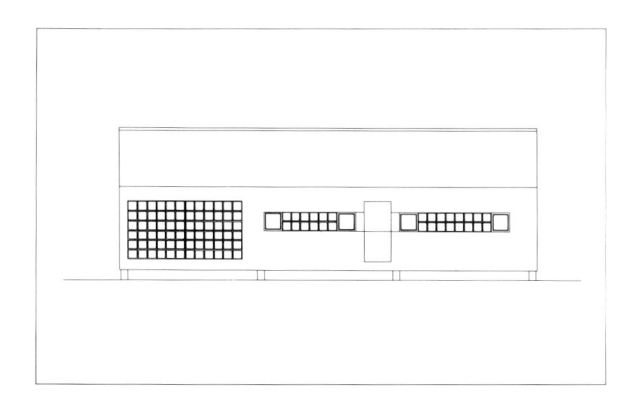

Alzado

Elevations

Glenn Murcutt

Casa para dos artistas,
Glenorie, Sydney (Australia), 1980-1983
Graham Jahn, colaborador
James Taylor, estructuras

Un pabellón longitudinal aparece entre los árboles del *bush* australiano, en un terreno de 10 hectáreas. Se trata de una construcción ligera, de estructura y revestimientos metálicos. Una nave de sección regular (un arco rebajado horizontal en sus dos extremos) alberga el volumen de esta sencilla y clara construcción lineal. A lo largo del eje longitudinal se sitúan los espacios públicos en un extremo y los privados en el opuesto, con un acceso intermedio en el eje transversal. Las dos fachadas testero se tratan distintamente según la orientación. La fachada sur presenta un aspecto muy cerrado para protegerse de la radiación solar directa, mientras la norte, totalmente acristalada, se extiende mediante una terraza cubierta que no es más que la transición entre la sala de estar y el paisaje. Como afirma el propietario: «nuestro jardinero es la naturaleza». En la zona intermedia, frente a la entrada, otra terraza cubierta se sitúa dentro del volumen propio de la nave. La historia de la casa australiana demuestra a menudo que sus modelos domésticos se han importado de Europa y que éstos no siempre han logrado satisfacer las exigencias climatológicas, paisajísticas o culturales. Murcutt, considerando estas exigencias como fundamentales de su arquitectura, encuentra en las construcciones industriales y agrícolas locales, soluciones simples, eficaces, inventivas y adecuadas.

House for two artists,
Glenorie, Sidney (Australia), 1980-1983
Graham Jahn, assistant
James Taylor, structures

A longitudinal pavilion appears between the trees of the Australian bush, in an estate covering 10 hectares. A light construction, with metal structure and coverings. One bay of regular cross-section (with a flattened arch, horizontal at both ends) houses this simple, clearly lineal construction. The public spaces are situated along one of the longitudinal sides, with the private areas on the other, and access between the two half-way along the transversal edge. The façades are treated differently, according to their orientation. The south-facing wall has a very closed appearance, to protect it from the sun. The northern façade, glazed in its entirety, is extended by way of a covered terrace which, in fact, is nothing less than a transition between living-room and landscape. As the owner says, "Our garden is the countryside." There is another covered terrace in front of the entrance, in the intermediary zone and situated inside the space belonging to the building. The story of the Australian house is a frequent reminder that their domestic designs have been imported from Europe, and that these have not always managed to meet climatic, scenic or cultural demands. Glenn Murcutt, who considers these demands fundamental in his architecture, looks to local agricultural and industrial constructions for simple, efficient, inventive and suitable solutions. A strictness of principles invades this subtle yet conclusive proposal, in which neither mimicry, nor organisms, nor rationalisms, or technicalities become architectural dogmas.

Planta
Plan

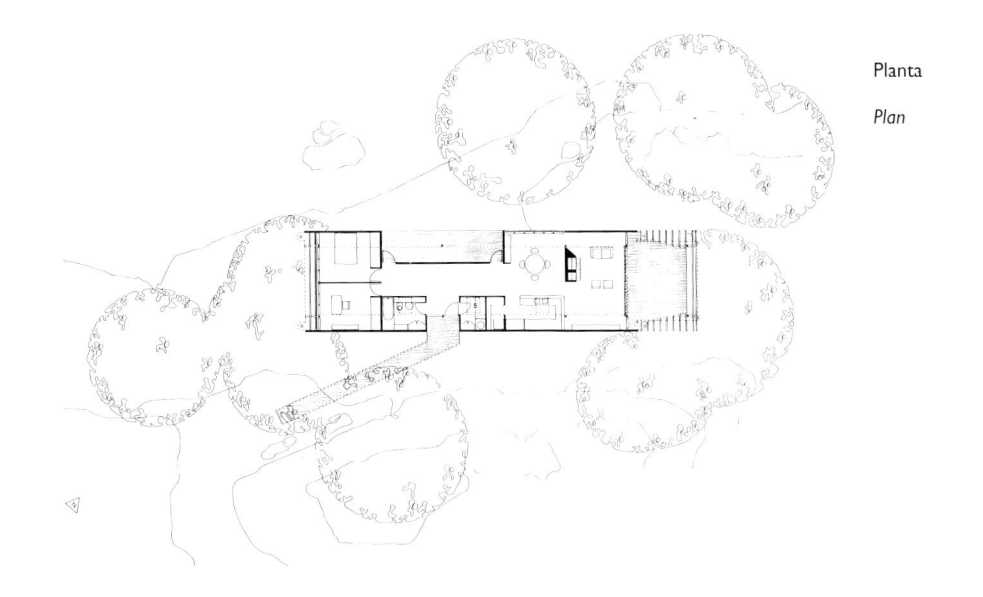

Alzados y sección transversal

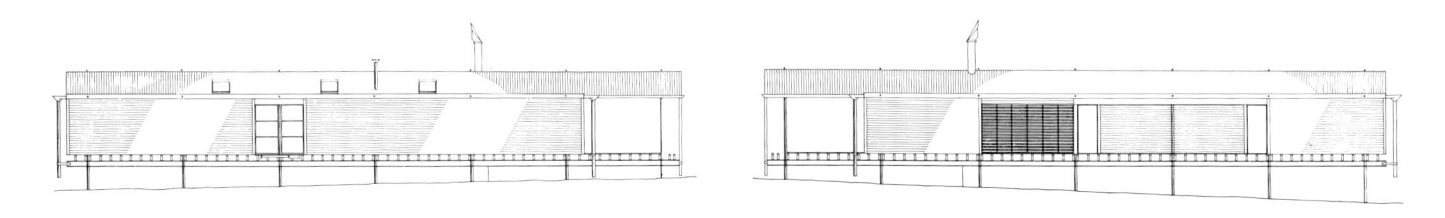

Elevations and transverse section

103

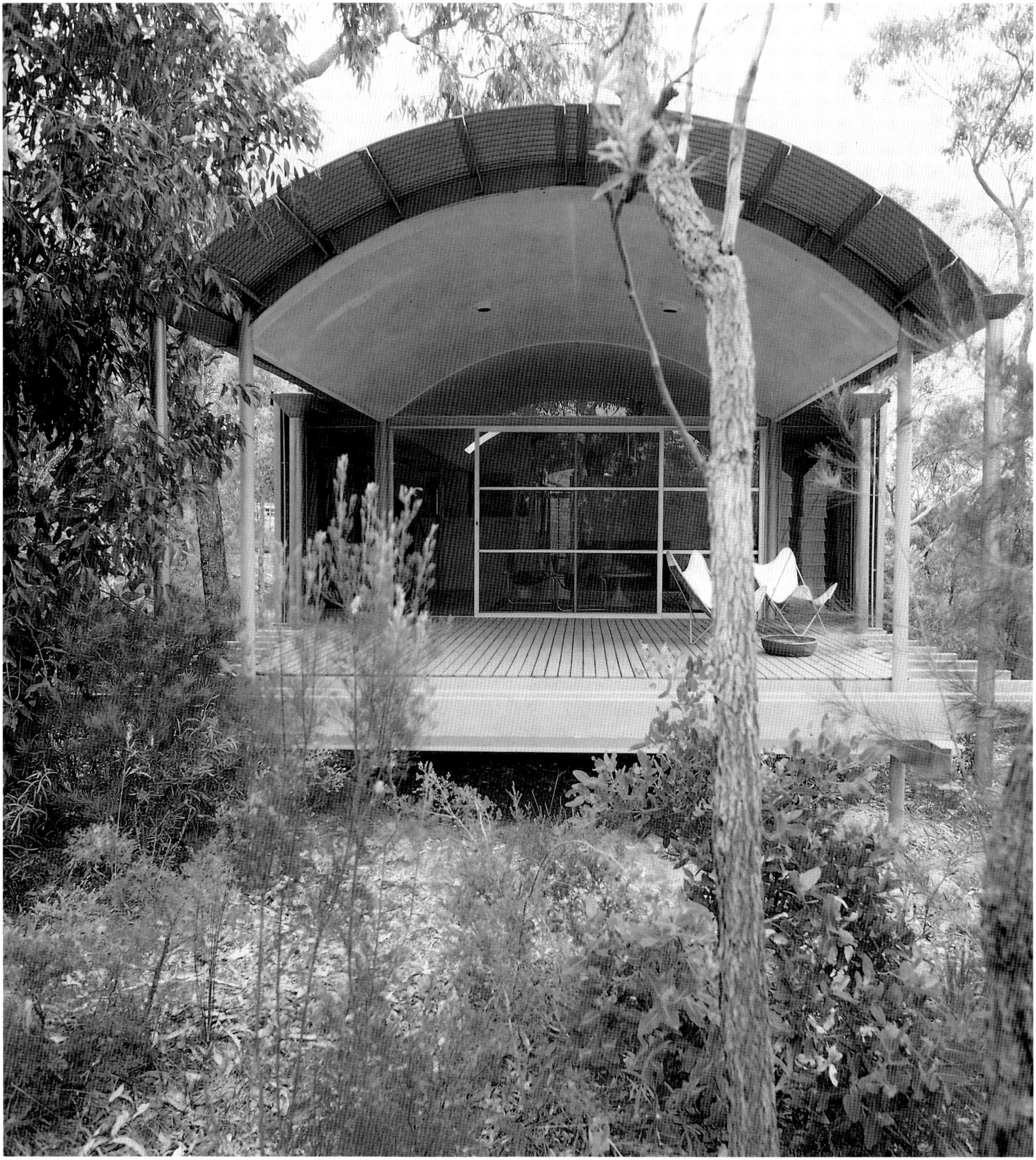

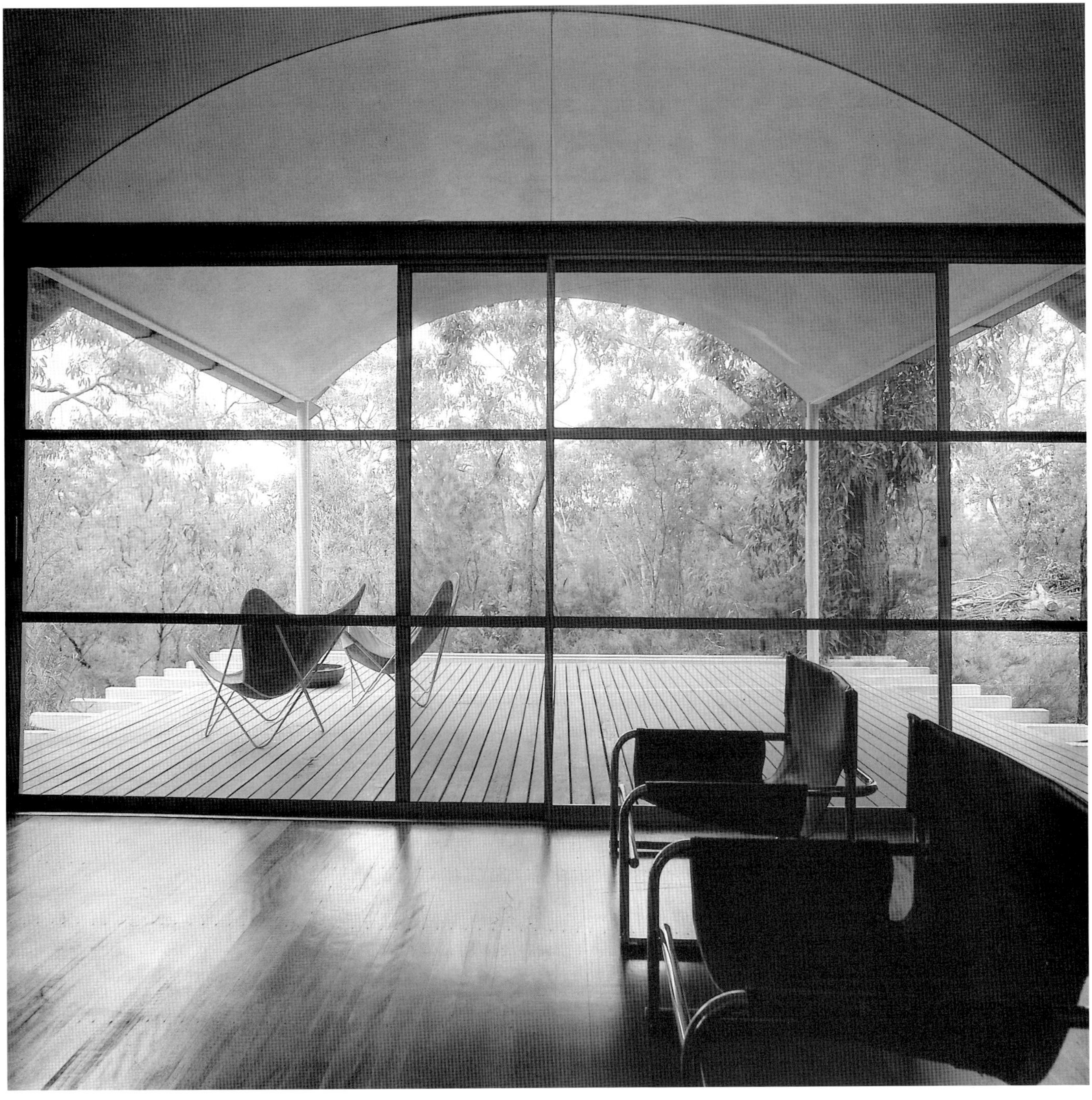

Toyo Ito & Associates

Casa en Magomezawa,
Funabashi, Chiba (Japón), 1985-1986
Gengo Matui+ORS office, Kunio Horiuchi

Magomezawa es un barrio residencial a una hora de tren de Tokio. La casa está construida con hormigón armado y aluminio. En la planta baja, la estructura así como los paramentos verticales interiores y exteriores son de hormigón. El suelo del forjado, ligeramente elevado con respecto al terreno, también es de hormigón enlucido. Esta caja de hormigón se cubre con dos bovedas de suave curvatura, apoyadas sobre una estructura metálica. El pequeño espacio debajo de las bóvedas es un dormitorio de 20 m² que puede cerrarse mediante paneles correderos. Es un lugar abierto, en el que uno puede sentir la luz y el viento, al contrario del piso inferior (cocina y sala de estar) encerrado por muros de hormigón. Estos dos espacios completamente distintos pueden unirse por un espacio semiexterior (terraza y *utility room*). Paneles de chapa estriada forman la fachada de finas membranas permeables al aire y a la luz.

House in Magomezawa,
Funabashi, Chiba, (Japan), 1985-1986
Gengo Matui+ORS Office, Kunio Horiuchi

Magomezawa is a residential area, one hour by train from Tokyo. The house is built of reinforced concrete and aluminium, and both the structure and the bare, interior and exterior walls on the ground floor are of concrete. The floor is also made of polished concrete. This concrete box is covered by two gently curved vaults, supported by a metal structure. The small space below the vaults is a bedroom of some 20 m², which may be closed off by means of sliding panels. This is an open place, in which one can feel light and wind. Quite the contrary to the lower floor (kitchen and living room), closed in by concrete walls. These two completely distinct spaces may be connected by a semi-exterior space (terrace and utility room), by opening the slatted wooden panels which make up the façade of fine membranes, permeable to both air and light.

Axonométrica

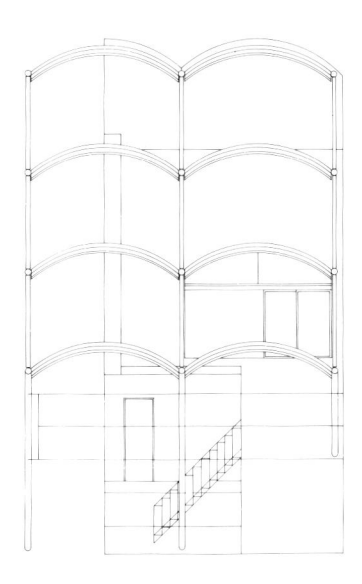

Axonometric projection

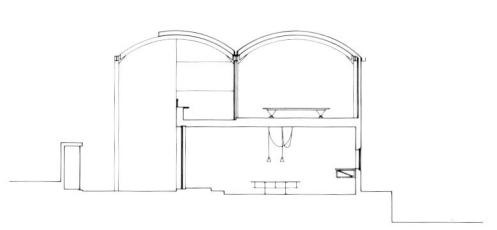

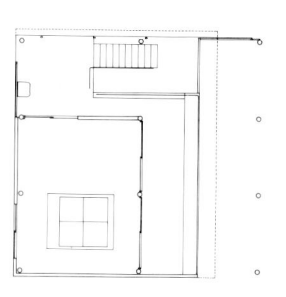

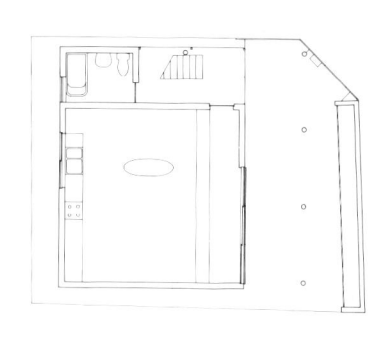

Plantas baja y piso y sección

Ground floor, first floor and section

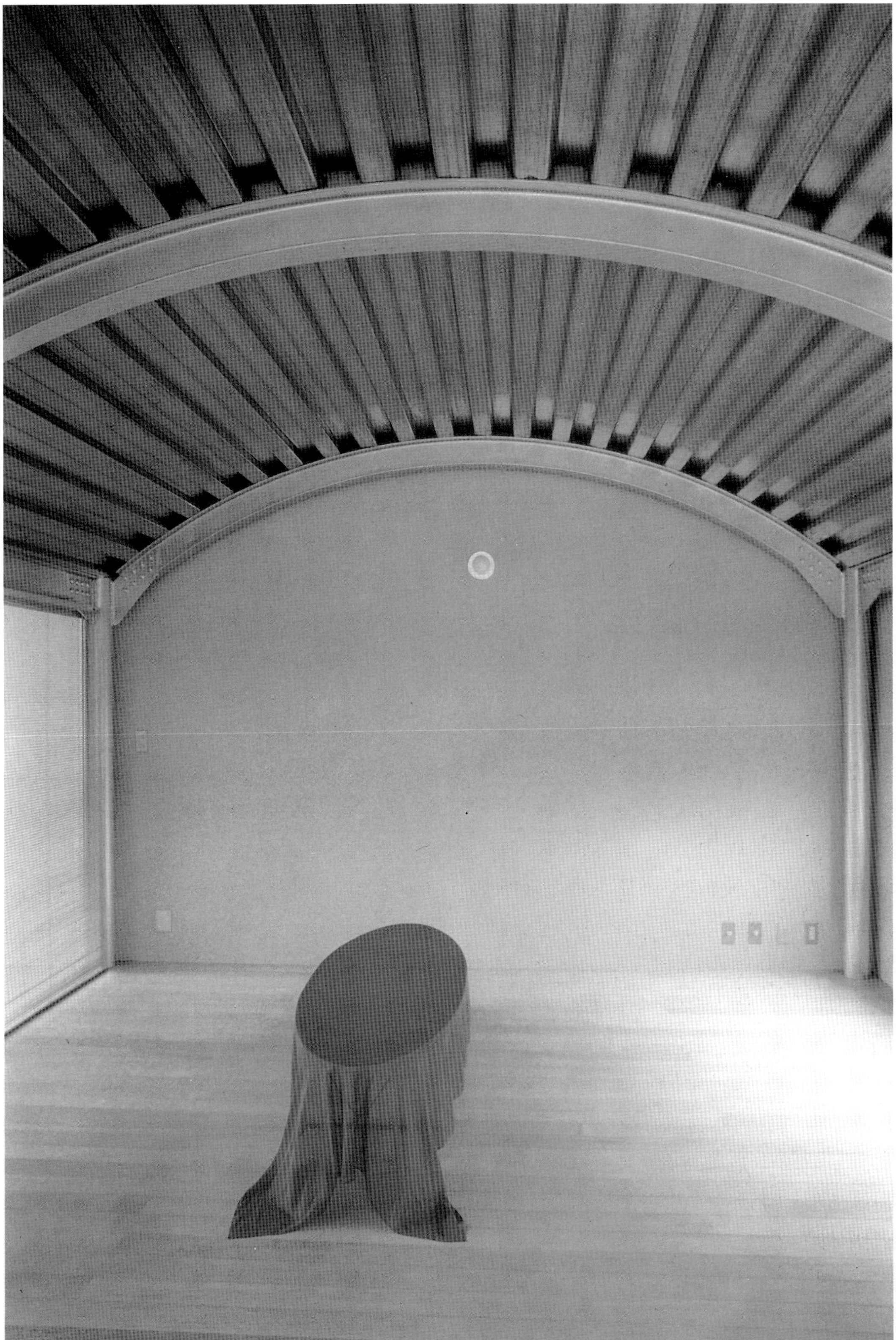

Eugeen Liebaut

Casa de fin de semana cerca de Aalst (Bélgica), 1987-1988

Un viejo *cottage* en estado ruinoso se reconstruye. Un nuevo e idéntico volumen se construye sobre pies metálicos de un metro de altura, eliminando así la humedad del suelo (una de las causas de deterioro de la vieja estructura). Dos grandes puertas dobles, las únicas aberturas, situadas en los dos lados largos y enfrentadas, permiten un contacto próximo con la naturaleza al abrirlas. Con las puertas cerradas se convierte en un espacio protegido y seguro. La luz también penetra a través de una pequeña cúpula transparente que a su vez sirve de punto de observación.

Week-end cottage near Aalst (Belgium), 1987-1988

An old, ruined cottage has been rebuilt. A new and identical building has been erected on metal legs a metre in height, thus eliminating the rising damp, one of the causes of the deterioration of the previous structure. Opening the two huge double doors, the only openings in the cottage and situated opposite each other on each of the longer sides, facilitates a nearness with nature. With the doors closed, the space becomes protected and safe. Additional light enters through a small, transparent dome, which also serves as an observation post.

Planta y alzado

Plan and elevation

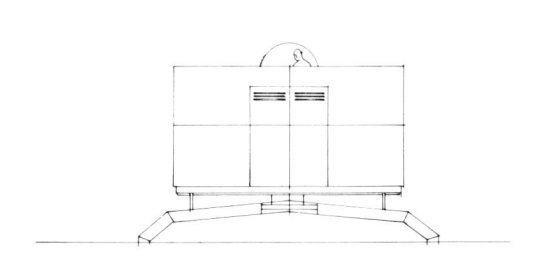

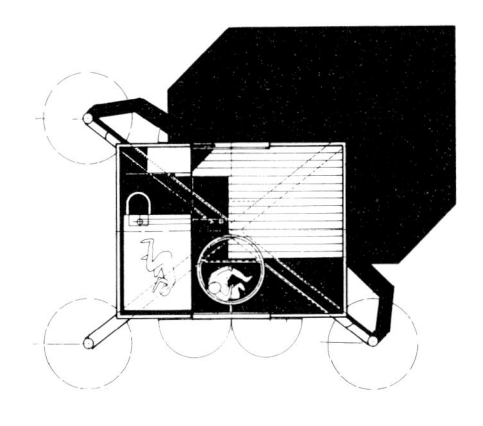

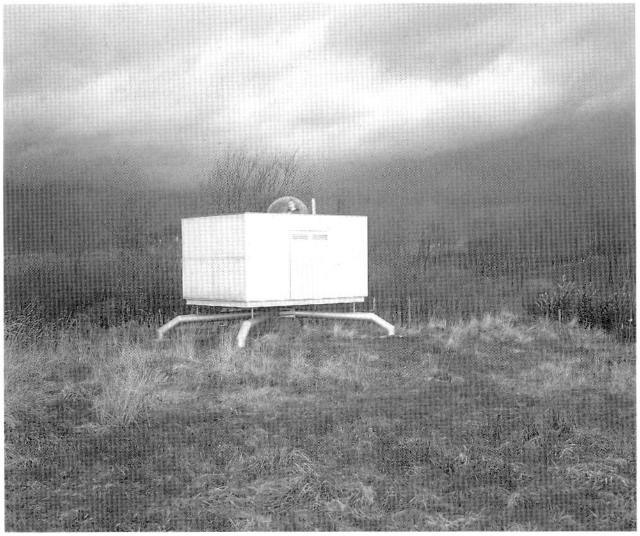

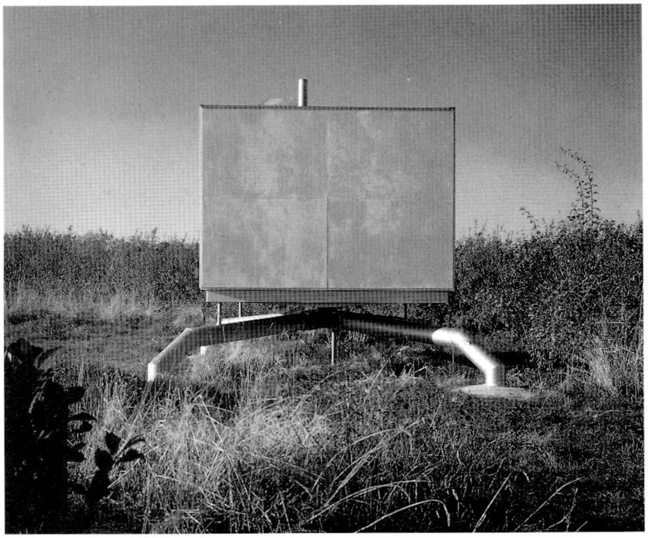

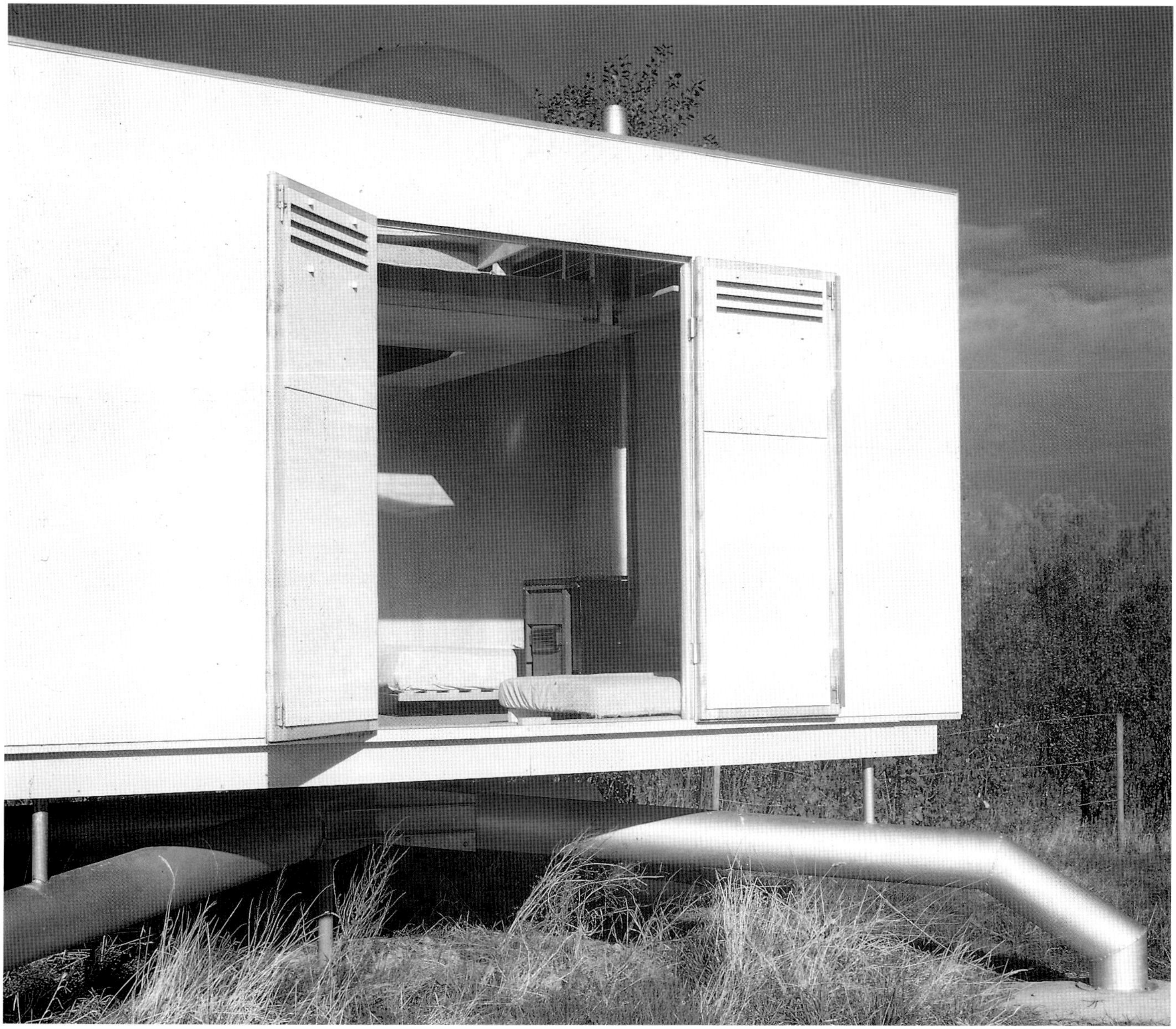

James Jones

Garden Room, The Waterworks,
Hobart (Tasmania), 1989
Gandy and Roberts Consulting Engineers

Esta pequeña construcción se sitúa en una ladera rodeada de eucaliptus y con vistas a un valle. La idea consistía en edificar una plataforma elevada con una cubierta flotante. Cuatro pilares de madera de pino de Oregón sustentan la plataforma y descansan sobre un muro de hormigón existente. En la planta baja se encuentra un espacio de almacén, cerrado por una puerta enrollable, que se utiliza como taller exterior. La escalera que conduce al piso superior está adosada al antiguo muro de contención de hormigón. Una pasarela colgada de las vigas curvadas de la cubierta ultima el recorrido hasta la puerta de acceso. Todos estos mecanismos de acceso, tanto la escalera independiente como la pasarela suspendida (que produce un inevitable movimiento al pasar), crean un espacio aislado e íntimo, como si se tratara de una cabaña sobre las ramas de un árbol.

Tal como señalaba el abad Laugier, los muros no soportan ninguna carga de la cubierta. La franja acristalada en la parte superior de los muros enfatiza esta ligereza de la cubierta de fibrocemento. Chapas de acero galvanizado revisten el exterior de esta construcción. Se utilizan piezas prefabricadas de limahoyas para los canalones y las esquinas entre chapas de acero y encofrados para los peldaños. Las barandillas se componen de tubos y codos de fontanería.

Garden Room, The Waterworks,
Hobart (Tasmania), 1989
Gandy and Roberts Consulting Engineers

This little building is situated on a hillside, surrounded by eucalyptus trees and with views across a valley. The idea consisted of building an elevated platform with a floating roof. Four Oregon pine pillars support the platform, and are set on an existing concrete wall. The ground floor is given over to storage space, used as an outside workshop with access through a roll-up door. The stair-case leading to the upper floor is built onto the old concrete retaining-wall. A "gangway", hanging from the curved beams, concludes the journey to the entrance. Each of these mechanisms of access, as much the independent staircase as the hanging gangway (which, inevitably, moves when used), creates an isolated and intimate space, not unlike that of a tree-house, nesting in the branches of a tree.

As Abad Laugier pointed out, the walls do not bear any of the weight of the roof. The glass band at the top of the walls emphasises the lightness of the fibrous cement roof. The exterior of the building is lined with galvanized metal. Prefabricated pieces were used for the guttering and the corners between the metal sheets and the mouldings of the steps. The banisters are made of plumbing pipes and joints.

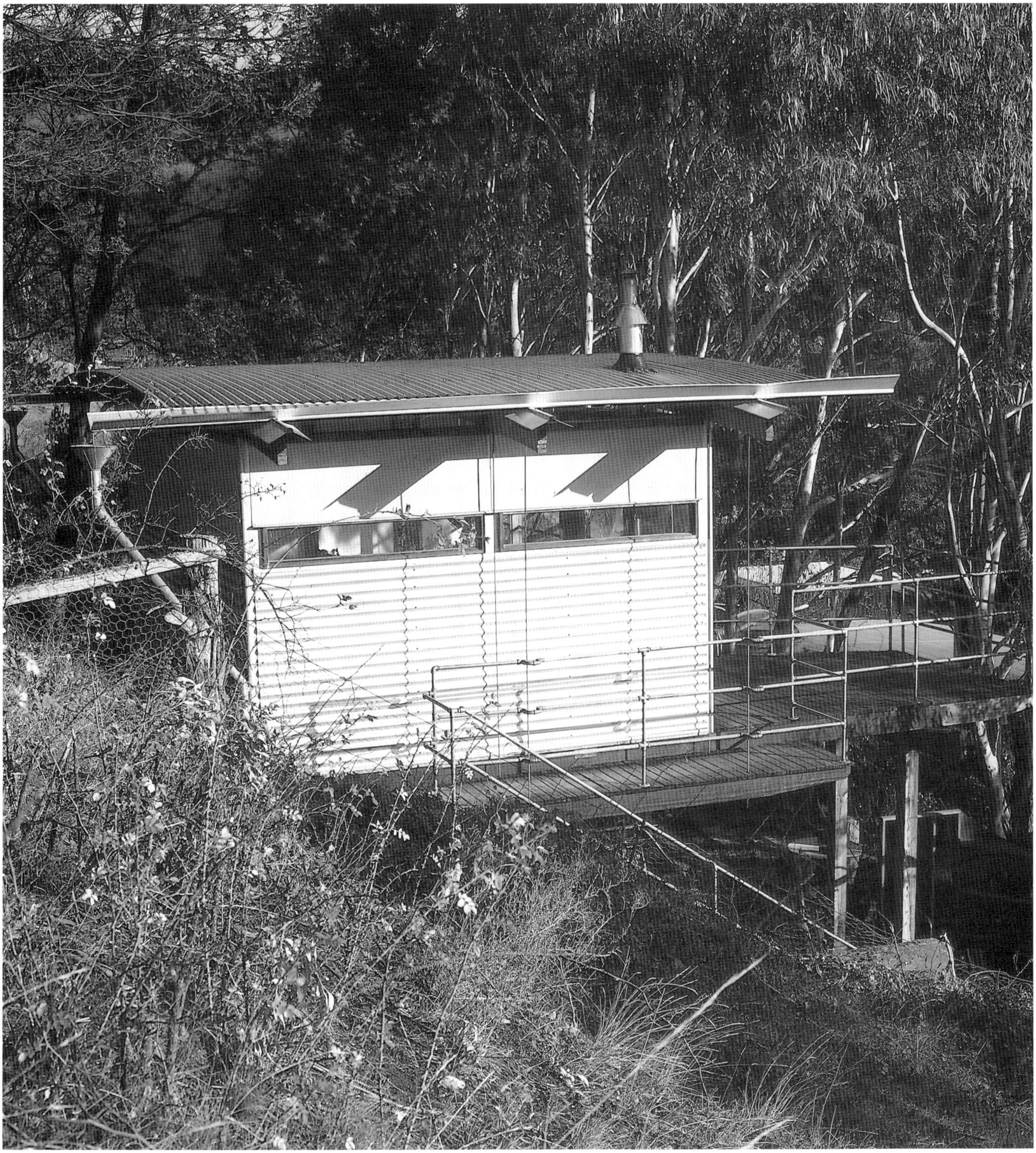

Plantas baja y piso

Ground and first floors

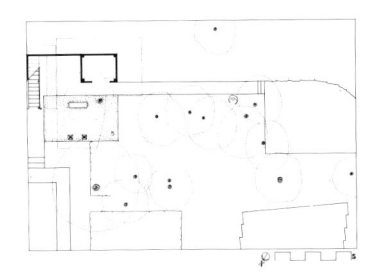

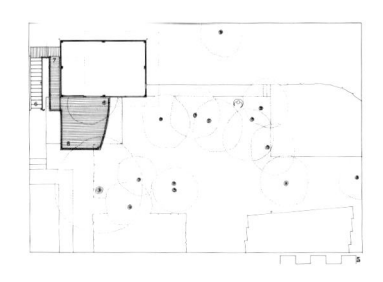

Sección y detalles de canalones, bajantes y barandillas

Section and details of gutters, risers and balustrades

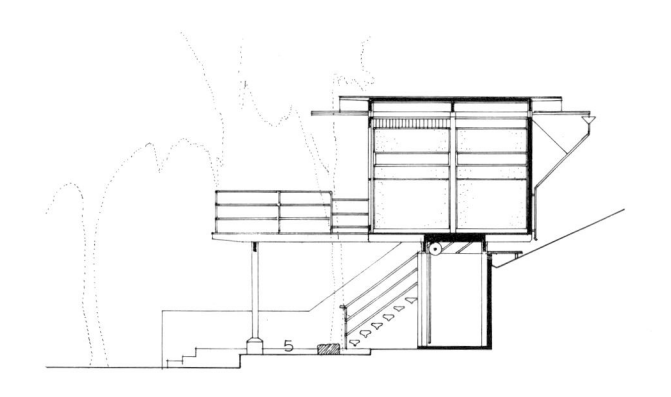

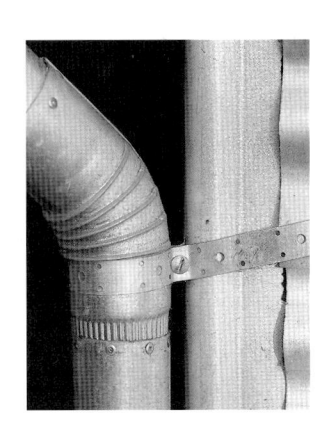

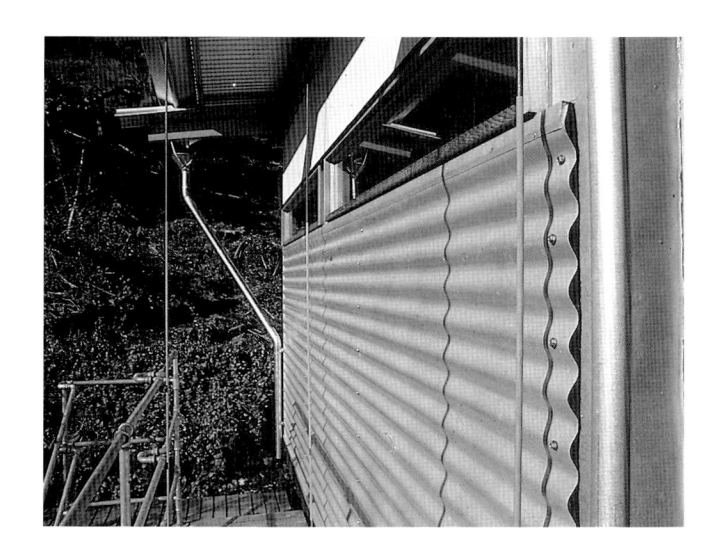

117

Toshiaji Ishida

Casa en el monte Fujiyama,
Susono, Shizuoka (Japón), 1990-1992

House on Mount Fujiyama,
Susono, Shizuoka (Japan), 1990-1992

El proyecto consistía en ubicar una segunda residencia en la falda del Fujiyama, la montaña más alta y representativa del país, en un entorno natural muy rico, donde los clientes pudiesen venir a descansar en cualquier momento del año y alejarse de la vida de la ciudad. Una losa de hormigón de 4 x 18 m, orientada según la dirección de la pendiente, sirve de plataforma sobre la que se coloca la casa, delimitando una clara zona de actuación dentro de la exuberante naturaleza. Se definen dos espacios de volúmenes equivalentes, tratados del mismo modo, pero desplazados uno sobre otro, produciendo unas terrazas por un extremo y un cuerpo saliente en voladizo por el otro. La planta baja sirve de sala de estar y comedor. El piso superior consta de un dormitorio que puede ampliarse mediante un armario móvil según las necesidades y un baño iluminado cenitalmente. La luz cenital también penetra en el interior del volumen a través de la ligera escalera que comunica las dos plantas y la cubierta, utilizable como terraza en verano. La luminosidad se intensifica con la abertura acristalada de todo el frente. La estructura es de acero, los suelos son de hormigón en la planta baja y de madera en la planta piso, así como los paneles de revestimiento interiores y exteriores.

The project consisted of building a second home on the side of Fujiyama, the highest and most representative mountain in the country. The house would be in a superb natural environment, and the clients would be able to go to it, at any time, to rest and get away from city life. A concrete slab, 4 x 18 m. in size and oriented in line with the slope acts as a platform on which the house is constructed, as well as outlining a clear zone of activity within the luxuriant countryside. The design outlines two spaces of equal size, one superimposed on the other, but slightly displaced, thus producing a terrace at one end, and an overhanging structure at the other. The ground floor contains the living and dining rooms. The upper floor comprises a bedroom, which may be enlarged, according to the need, by means of a moveable cupboard, and a bathroom with overhead lighting. This light also illuminates the rest of the house, through the light stairs that connects the two storeys of the house and the roof, which may be used as a terrace during the summer. Lighting is intensified by the complete glazing of the front of the house. The structure is of steel, and the floors of concrete on the ground floor, and wood on the first. Interior and exterior wall-lining panels are also made of wood.

Plano de situación

Site plan

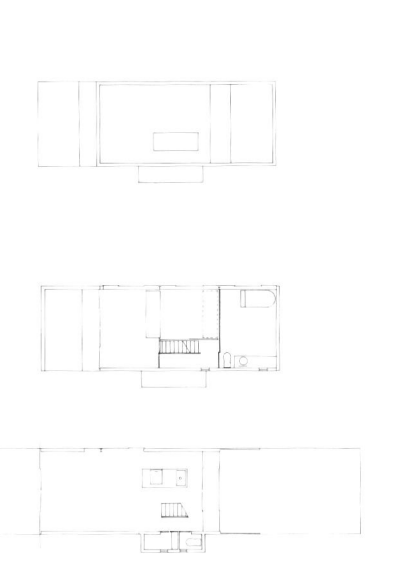

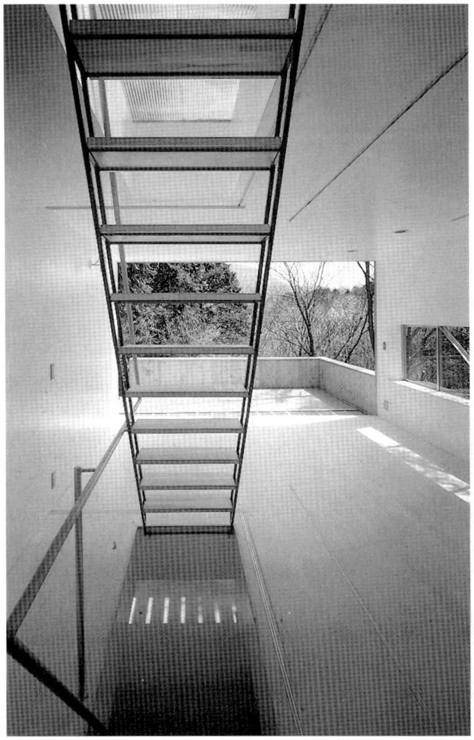
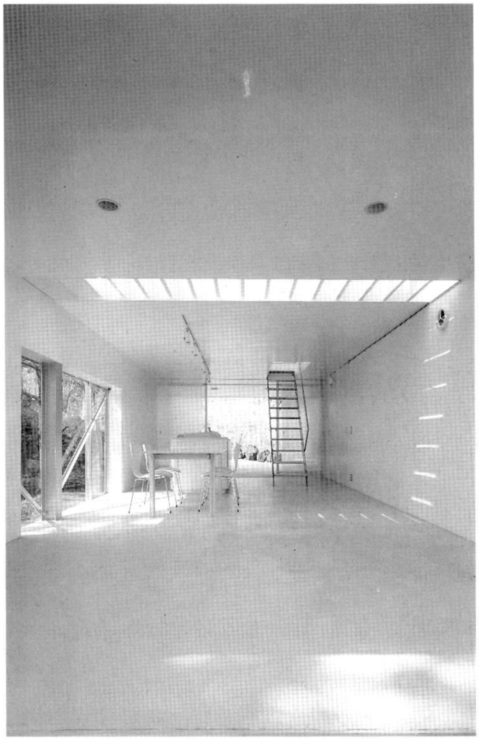
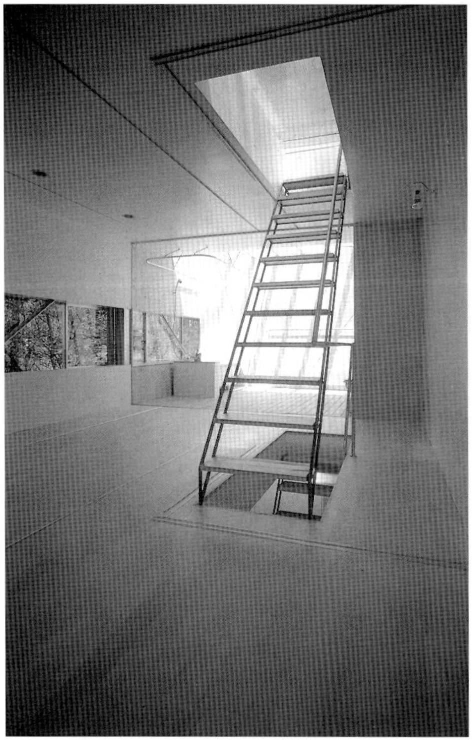
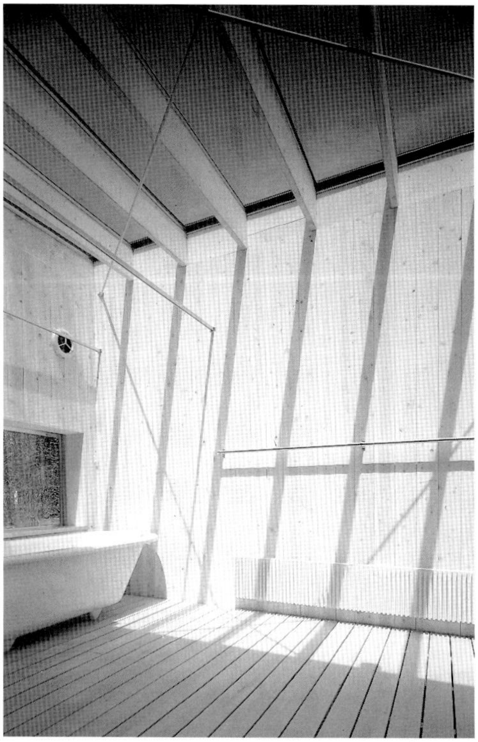

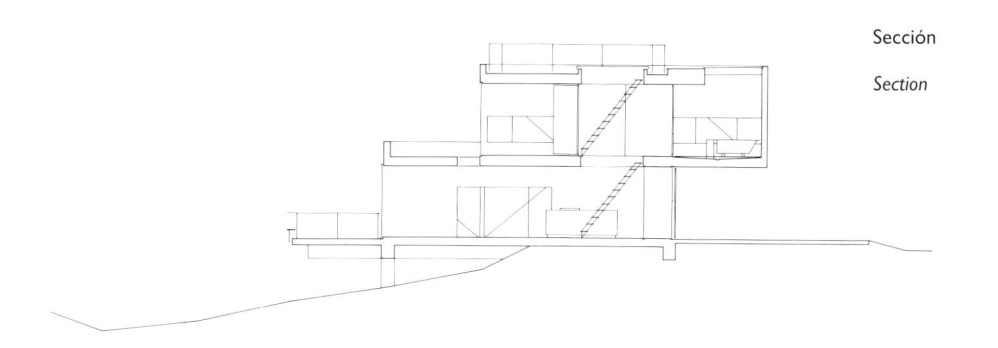

Sección

Section

121

Miller/Hull

Refugio Marquand, Yakima Valley, Washington (EE UU), 1992
David Miller, arquitecto a cargo del proyecto
Philip Christofides, arquitecto-colaborador

Al este de Yashima, el río Naches discurre desde la Mountain Cascade hacia el oeste, a lo largo de un bonito valle de acantilados basálticos. Atraído por este valle, y por el árido clima de la región, el cliente —un ocupado editor de Seattle— compró 200 acres en la ladera de la montaña y estableció las bases del proyecto: construir un cobijo de dos habitaciones con materiales resistentes al fuego, al viento y a los intrusos. Desde el principio, arquitecto y cliente buscaron una alternativa a la segunda residencia que duplica la experiencia de la residencia habitual. El proyecto debía obedecer a la posible climatología extrema: frío intenso y calor sofocante. La casa debía responder a la dureza del lugar y a su vez abrirse a él.

La idea inicial fue una delgada cubierta metálica flotando sobre una caja de bloques de hormigón.

Una vez construida, la cubierta flotante ofrece una terraza cubierta orientada al sur, unas ventanas entre los muros y la cubierta en el espacio interior y un paso cubierto hasta la torre cisterna de agua situada en la parte posterior. Bajo el porche, una gran abertura se orienta al sur. Dos grandes correderas colgadas de una guía recorren la longitud total del muro de la fachada principal. Una corredera está acristalada, mientras la otra sólo dispone de una rejilla, permitiendo el control de la ventilación.

Marquand retreat, Yakima Valley, Washington (USA), 1992
David Miller, principle in charge of design
Philip Christofides, project architect

To the east of Yashima, the river Naches runs west from the Mountain Cascade, along a beautiful, basalt-lined canyon. Attracted by this, and by the arid climate of the region, the client, a busy publisher from Seattle, bought 200 acres of the mountainside and laid down the basis for the project: To build a two-roomed refuge from materials resistant to fire, wind and intruders. From the very outset, architect and client sought an alternative for the second home which duplicates life in the usual residence. Possible climatic extremes, intense cold and suffocating heat, necessarily conditioned design. The house had to withstand the harsh conditions of the area and, at the same time, open up to it.

The initial idea was of a thin metal roof, floating on a box made of concrete blocks.

The floating roof provides a covered terrace, facing south. Inside, there are windows between the walls and the roof, and a covered passageway to the watertower, situated at the rear. Under the porch, there is a large opening, facing south. A rail, running the complete length of the front wall, supports two large sliding panels. One is made of glass, the other has only a grille, allowing control of ventilation.

Plano de situación y axonometría

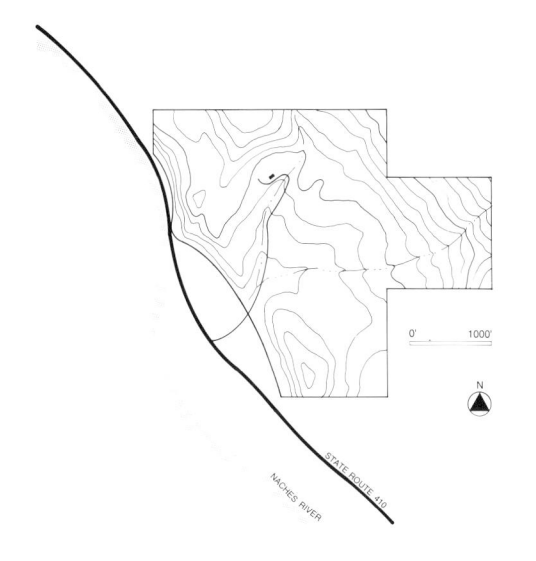

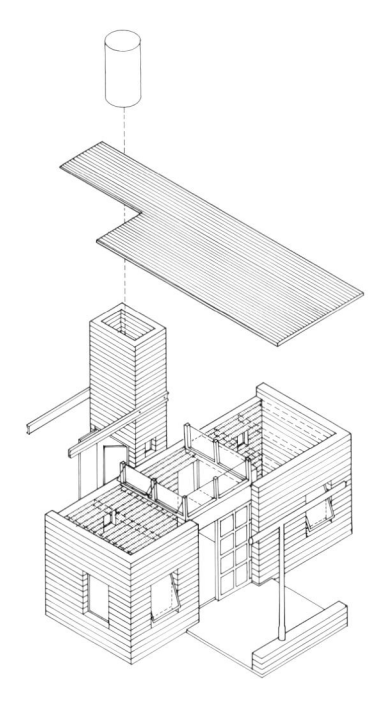

Site plan and axonometric projection

123

Planta

Plan

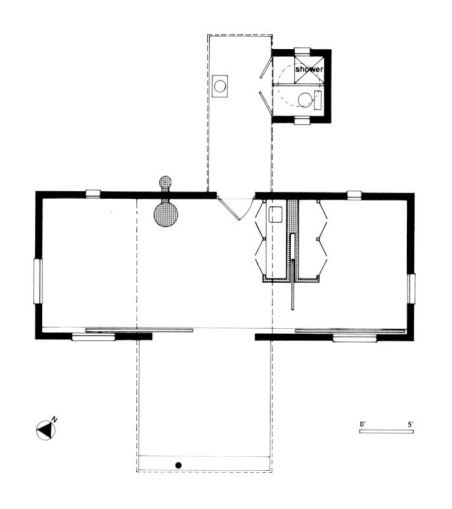

124

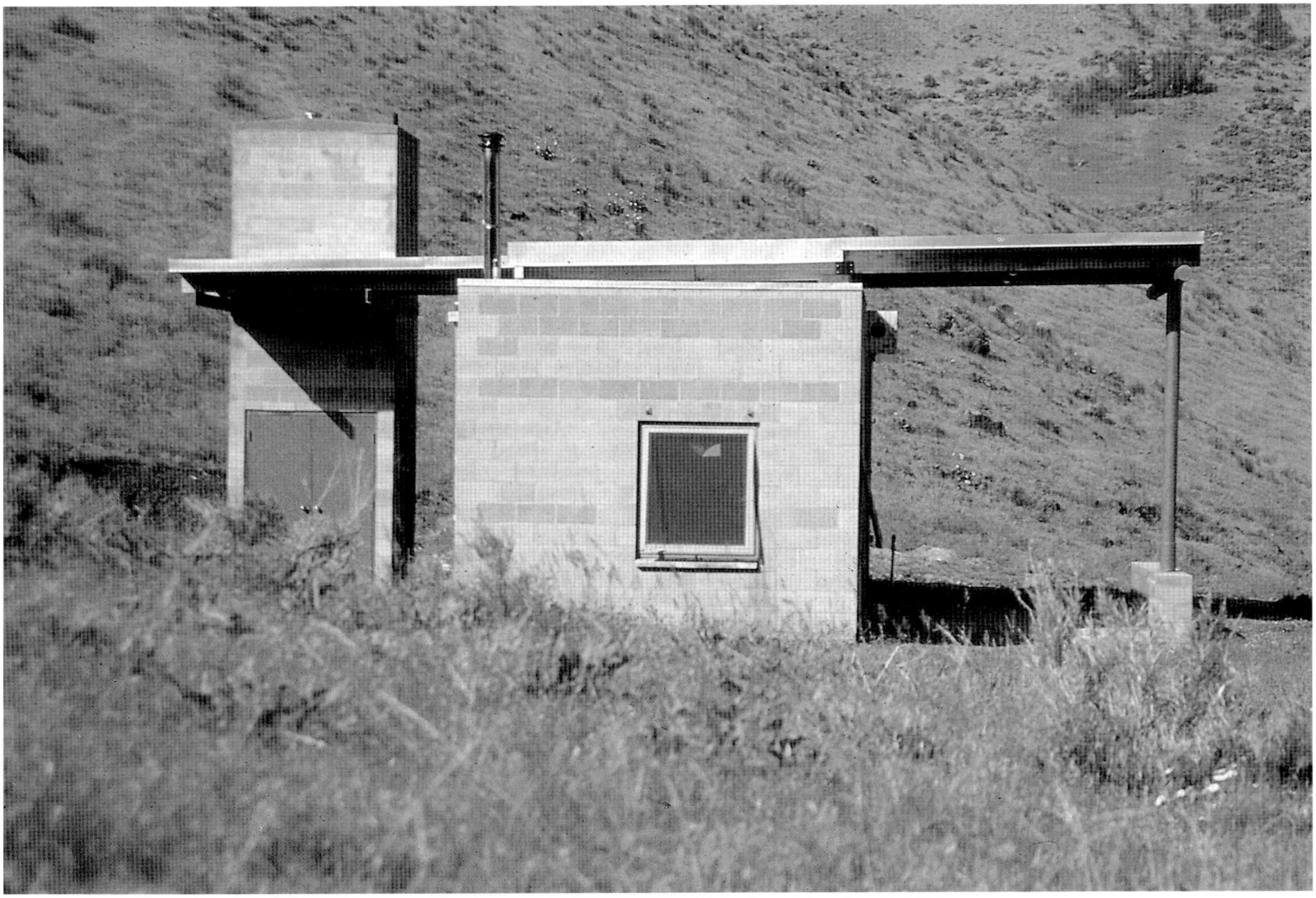

Le Corbusier

Casa de fin de semana,
La Celle, Saint-Cloud, París (Francia), 1935

Le Corbusier, comentando esta casa en los alrededores de París en su *Ouvre complète* escribe:

«Uno de los graves problemas de la arquitectura moderna (que para muchos tiene un alcance internacional) es el de establecer, de manera sensata, el empleo de los materiales. En efecto, al lado de los nuevos volúmenes arquitectónicos determinados por los recursos de las nuevas técnicas y por una nueva estética de las formas, una cualificación concreta y original puede realizarse gracias a la virtud intrínseca de los materiales.»

El principio impuesto en esta casita situada tras una cortina de árboles, era el de ser lo menos visible posible. En consecuencia, se adoptó una altura reducida (2,6 m máximo); una disposición en un ángulo del terreno; una cubierta ajardinada sobre bóvedas de hormigón y muros de piedra vistos. En el interior, la bóveda de hormigón se reviste con tablero de madera contrachapado, las paredes son de muro de piedra visto o encalado, la chimenea y la campana de la misma son de ladrillo visto y el suelo es de losas cerámicas blancas.

Una única sección tipo se repite en las distintas crujías y se extiende hasta el pequeño quiosco situado en el jardín.

Week-end house,
La Celle, Saint-Cloud, Paris (France), 1935

Commenting about this house on the outskirts of Paris in his Oeuvre complète, he writes, "One of the most serious problems affecting modern architecture (which, for many, is of international importance) is that of sensibly establishing the use of materials. Indeed, alongside the new architectural spaces, determined by the resources of new techniques and new aesthetics, a specific and original qualification may be carried out thanks to the intrinsic virtue of the materials".

The principle laid down for this little house, situated behind a screen of trees, was that it be as hidden as possible. Thus, a lower than usual height was adopted (2.6 m maximum), it was situated in a dip in the landscape, there was a garden over the concrete roof, and the stone walls were bare. Inside, the concrete roof is lined with plywood, the walls are bare stone or whitewashed, the fireplace and chimney-breast are in bare brick and there is a white, ceramic-tile floor.

A single section is used for all the bays, and is also used in the small summerhouse in the garden.

Alzado, perspectiva interior y axonometría del conjunto
Elevation, interior perspective and axonometric projection

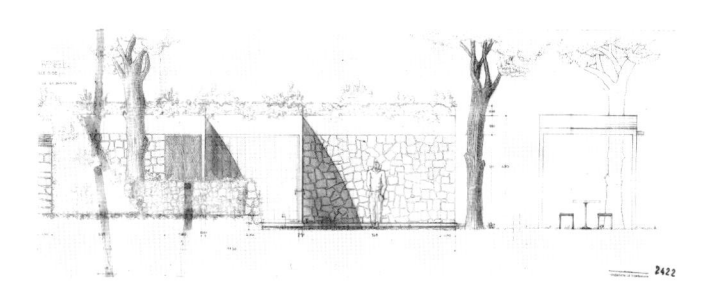

127

Frank Lloyd Wright / Eifler & Associates

Seth Peterson Cottage, Mirror Lake, Wisconsin (EE UU), 1958/1992-1993

El *cottage* fue proyectado en 1957 para Seth Peterson por Frank Lloyd Wright. Desafortunadamente, ambos, Seth y Wright, murieron durante la construcción del mismo. Su segundo propietario finalizó la construcción y la utilizó como casa de fin de semana hasta que el estado de Wisconsin compró el terreno para la ampliación de un parque natural en la década de los setenta, quedando abandonada hasta 1988.

Se compone de un bloque central introvertido de muro de piedra que contiene la cocina y el baño. Alrededor de este bloque central, una ligera estructura en madera y unos cerramientos acristalados configuran los espacios del estar, abriéndose al bosque circundante.

Eifler & Ass. emprendieron una rigurosa labor de reconstrucción. Debido al mal estado en que se encontraba, la mayor parte de los materiales son nuevos. El techo se reconstruyó por completo, así como la carpintería. Paredes y suelos son originales, si bien las losas de piedra del pavimento fueron levantadas una a una y numeradas para que se pudiera instalar el suelo radiante de agua caliente original para calefacción y las nuevas instalaciones de fontanería y electricidad. El mobiliario original se reconstruyó, añadiendo algunas nuevas piezas afines.

Seth Peterson Cottage, Mirror Lake, Wisconsin (USA), 1958/1992-1993

The cottage was designed in 1957 for Seth Peterson, by Frank Lloyd Wright. Unfortunately, both Peterson and Wright died while it was being built. It was completed by its second owner, who used it as a weekend house until the State of Wisconsin bought the land, for the enlargement of a nature reserve, in the sixties. It remained abandoned until 1988.

It is made up of an introverted central block of stone wall, which contains the kitchen and bathroom. Around this central block, a light, wooden structure and picture windows form the living space, opening it up to the surrounding woodland.

Eifler & Associates undertook a rigorous task of reconstruction. Owing to its poor condition, new materials had to be used in its renovation. The roof was completely renewed, as was the woodwork. The walls and floors are original, though the stone slabs of the floor were lifted, one by one, and numbered, so that they could be replaced following rewiring and the installation of the central heating system and plumbing. The original furniture was reconstructed, and some similar pieces were added.

Plano de situación

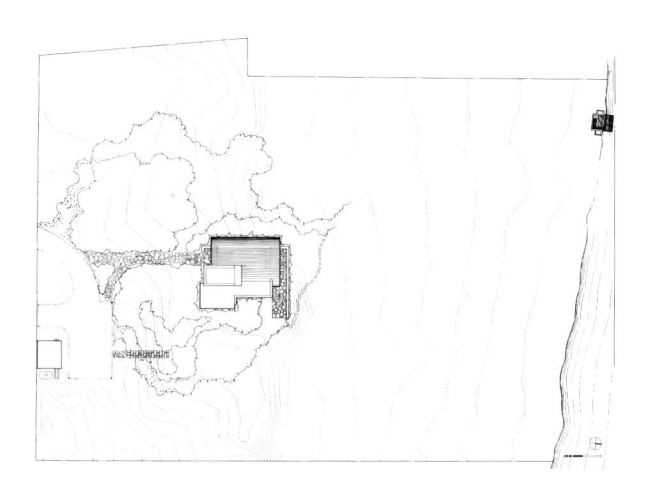

Site plan

129

Planta del almacén, planta baja y sección transversal por la sala de estar

Plan of the store, ground floor plan and transverse section though the living room

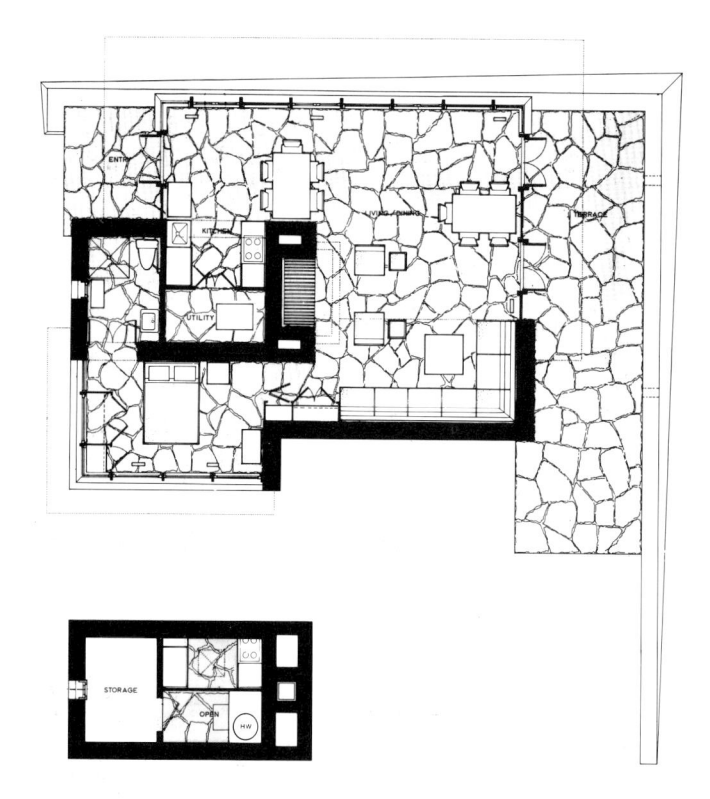

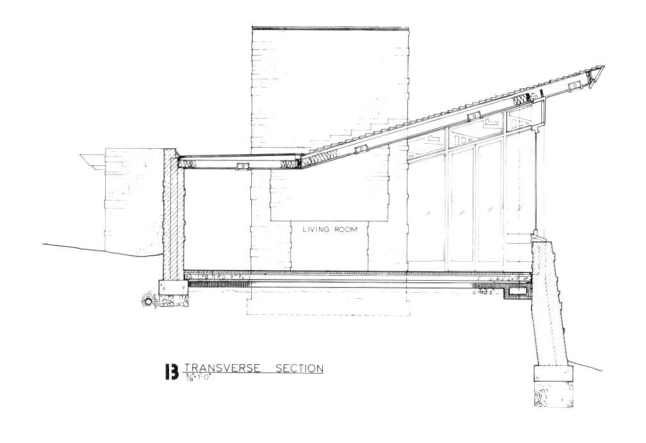

Detalles de la carpintería

Details of woodwork

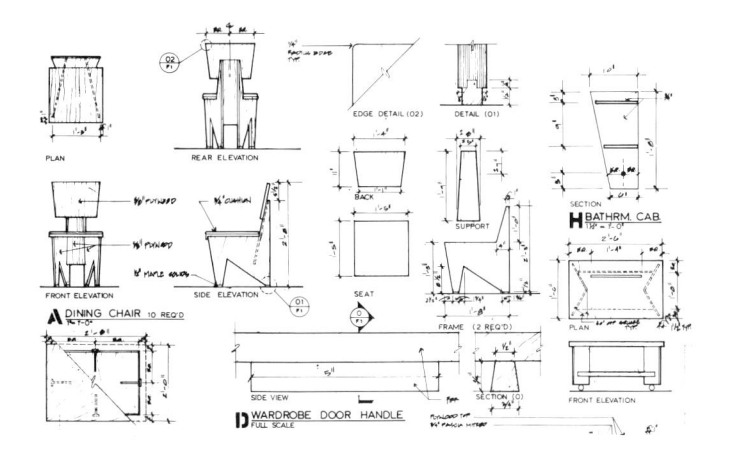

Aris Konstantinidis

Casa de vacaciones,
Anavyssos (Grecia), 1962

Holiday house,
Anavyssos (Greece), 1962

Situada en un árido y majestuoso paisaje en el camino de Atenas a Sounion, esta casa se integra en el lugar gracias a un acertado uso de la misma piedra natural y a la gran simplicidad de sus líneas y proporciones

Una zona de estar relativamente pequeña, un dormitorio y una cocina constituyen un núcleo rodeado por ambos lados de unas terrazas abiertas al mar. La estructura de hormigón armado queda vista contrastando con la textura rugosa de los muros de piedra. El entorno natural se respetó, tan sólo unos pocos peldaños conducen a la playa.

El mobiliario interior se redujo a los mínimos, primando la vida exterior.

La misma atmósfera de austeridad invade el interior: piedra natural para las paredes, hormigón visto para el techo y toscas losas de piedra para el suelo.

Situated in arid, majestic countryside, between Athens and Sounion, this house blends into its surroundings thanks to the successful use of natural stone from the area, and the enormous simplicity of its lines and proportions.

A relatively small living area, a bedroom and a kitchen form a nucleus, surrounded on both sides by terraces, open to the sea. The exposed reinforced concrete structure contrasts with the rough texture of the stone walls. The natural surroundings were respected, with only a few steps being made to lead down to the beach.

The interior furniture was reduced to a minimum, giving precedence to life outside.

The same austere atmosphere invades the interior: natural stone for the walls, bare concrete for the roof, and rough, stone slabs for the floor.

133

Planta y sección transversal

Plan and transverse section

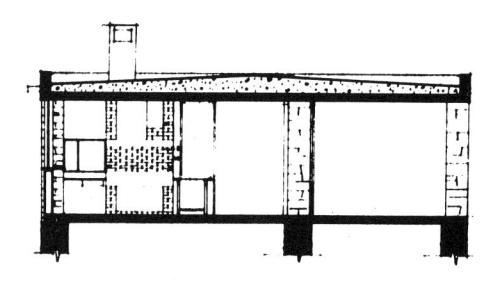

134

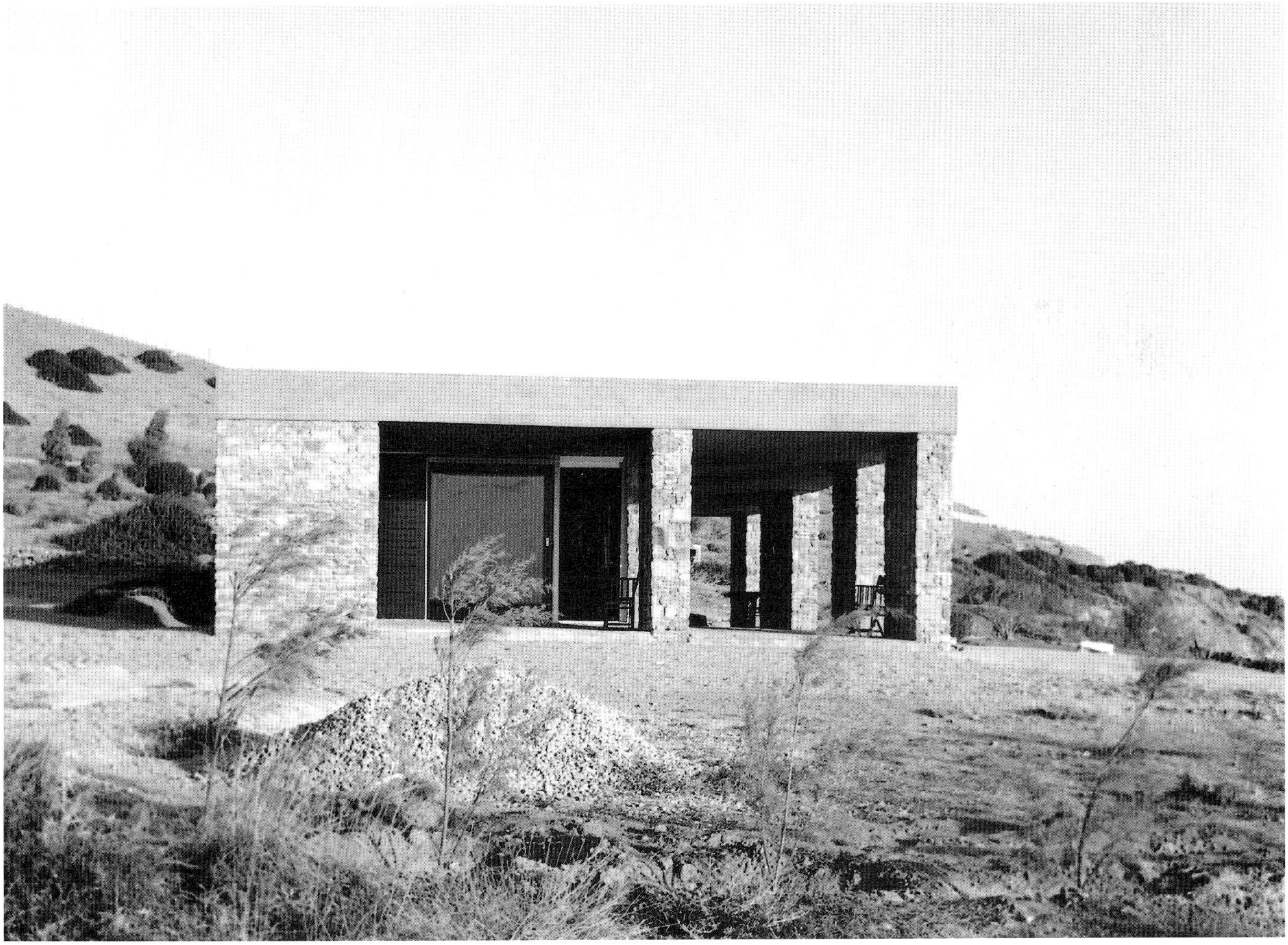

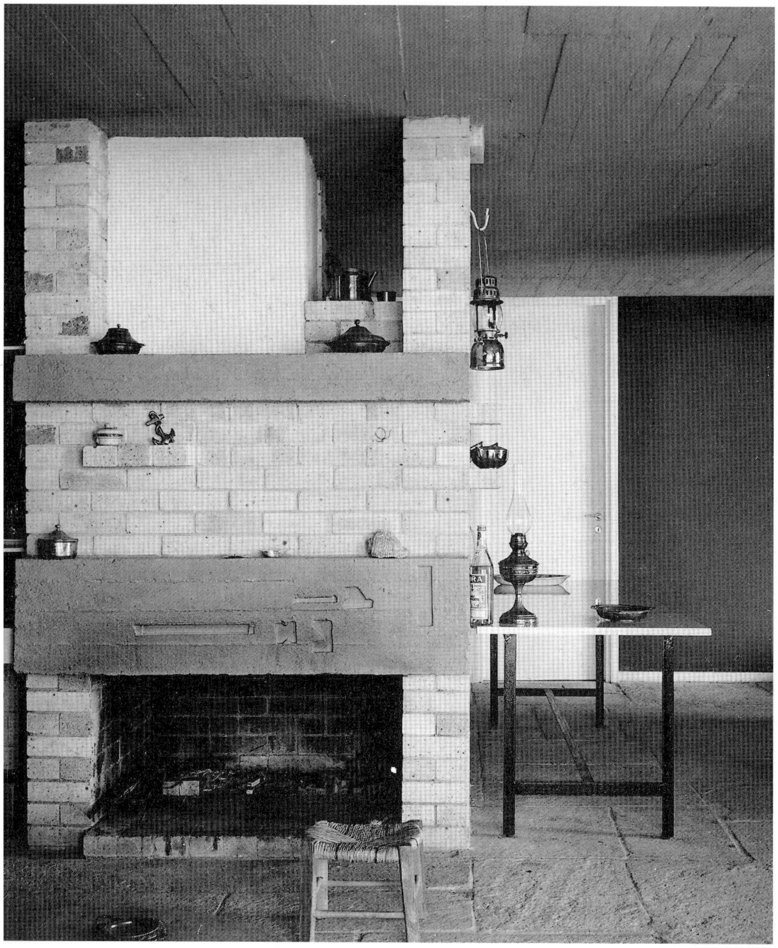

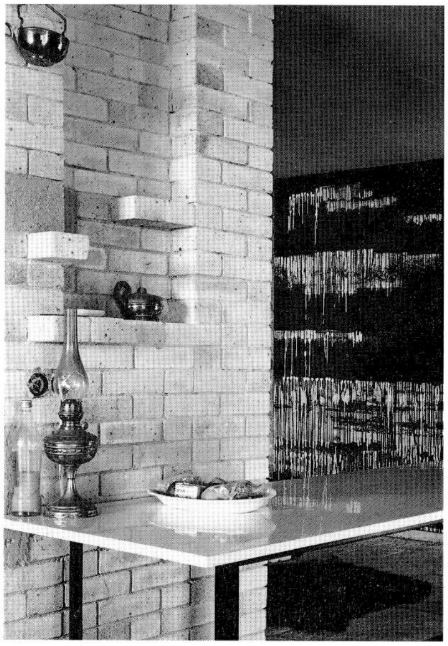

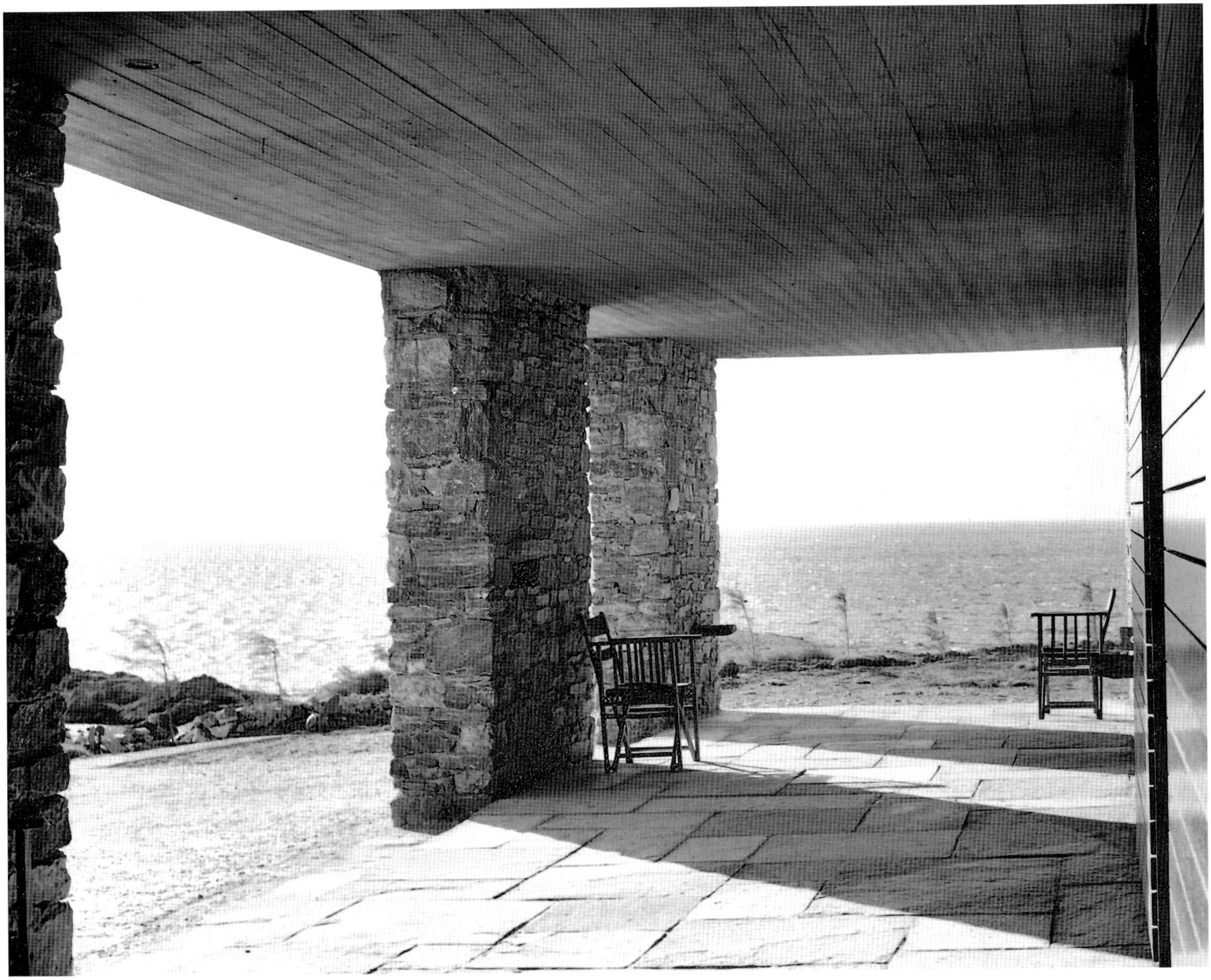

Eduardo Souto de Moura

Casa en Baîao (Portugal), 1991-1993
Francisco Vierira de Campos, colaborador
José Manuel Cardoso Teixeira, ing. estructuras.
Laurindo da Silva Guimaraes, ing. electricidad

El encargo del cliente fue una casa de fin de semana de mínimas dimensiones, tomando como punto de partida la restauración de una ruina. La base del proyecto era consolidar la ruina como un jardín vallado y construir la casa a un lado.

El trabajo empezó con la demolición del muro de contención y el movimiento de tierras —la casa en negativo—. La casa propiamente dicha es una caja de hormigón rodeada de tierra, abierta por un lado hacia el río Douro. El programa consistía en proyectar una «casa portuguesa», integrada en el paisaje, o en este caso casi enterrada en el mismo, con un presupuesto reducido. A pesar de ello, fue posible utilizar carpintería Technal francesa, telas Sika suizas, «roofmate» Dow americano, canalones belgas de la Compagnie Royale Asturienne des Mines, sanitarios Roca españoles, grifería Mamoli y lámparas italianas. Los materiales locales son en parte recuperados de una demolición en Barredo, bloques de piedra de Leiria y carpintería de Paredes. Este artículo recuerda una canción: «Quiero ver a Portugal en la C.E.E.»

House in Baîao (Portugal), 1991-1993
Francisco Vierira de Campos, assistant
José Manuel Cardoso Teixera, structural engineer
Laurindo da Silva Guimaraes, electrical engineer

The concept proposed by the client was of a week-end house of minimal dimensions, taking the restoration of a ruin as a starting point. The basis of the project was to consolidate the ruin as a walled garden, and build the house on one side.

The work began with the demolition of the retaining wall, and the movement of earth, shaping a "negative" of the house in the ground. In the strictest of senses, the house is a concrete box, embedded in the land, open on the side facing the river Douro. The project consisted of the design of a "Portuguese house", integrated into its surroundings or, in this case, almost buried in them, built on a small budget. Despite this, it was possible to use French Technal window-frames, Swiss Sika fabrics, American "Dow Roofmate", Belgian guttering made by `La Compagnie Royale Asturienne des Mines', sanitary ware by the Spanish company Roca, Mamoli taps, and Italian lamps. The local materials were, in part, recovered from a demolition in Barredo, stone blocks were brought from Leiria and carpentry from Paredes. This article reminds one of the song "I want to see Portugal in the E.E.C.".

139

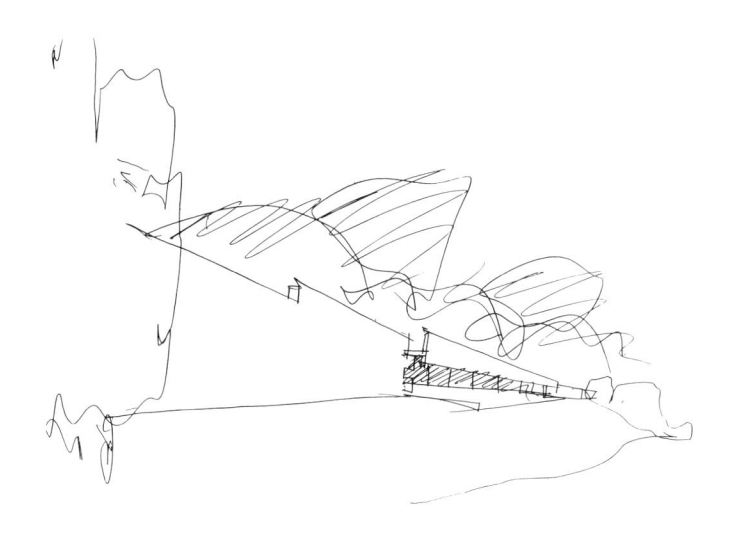

Planta y axonometría

Plan and axonometric projection

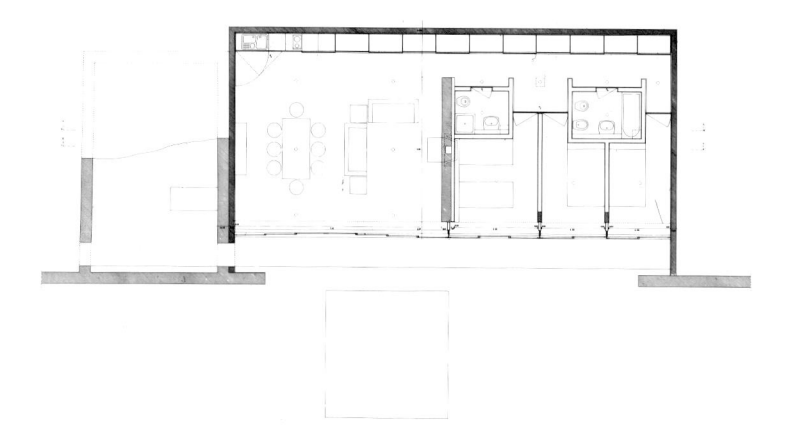

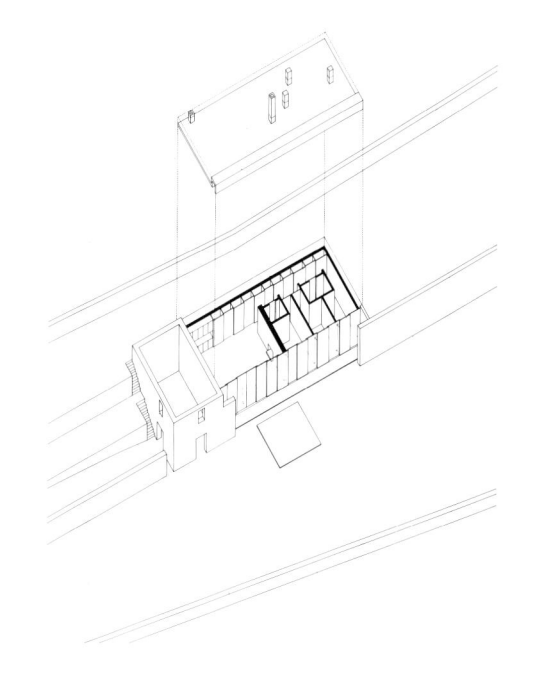

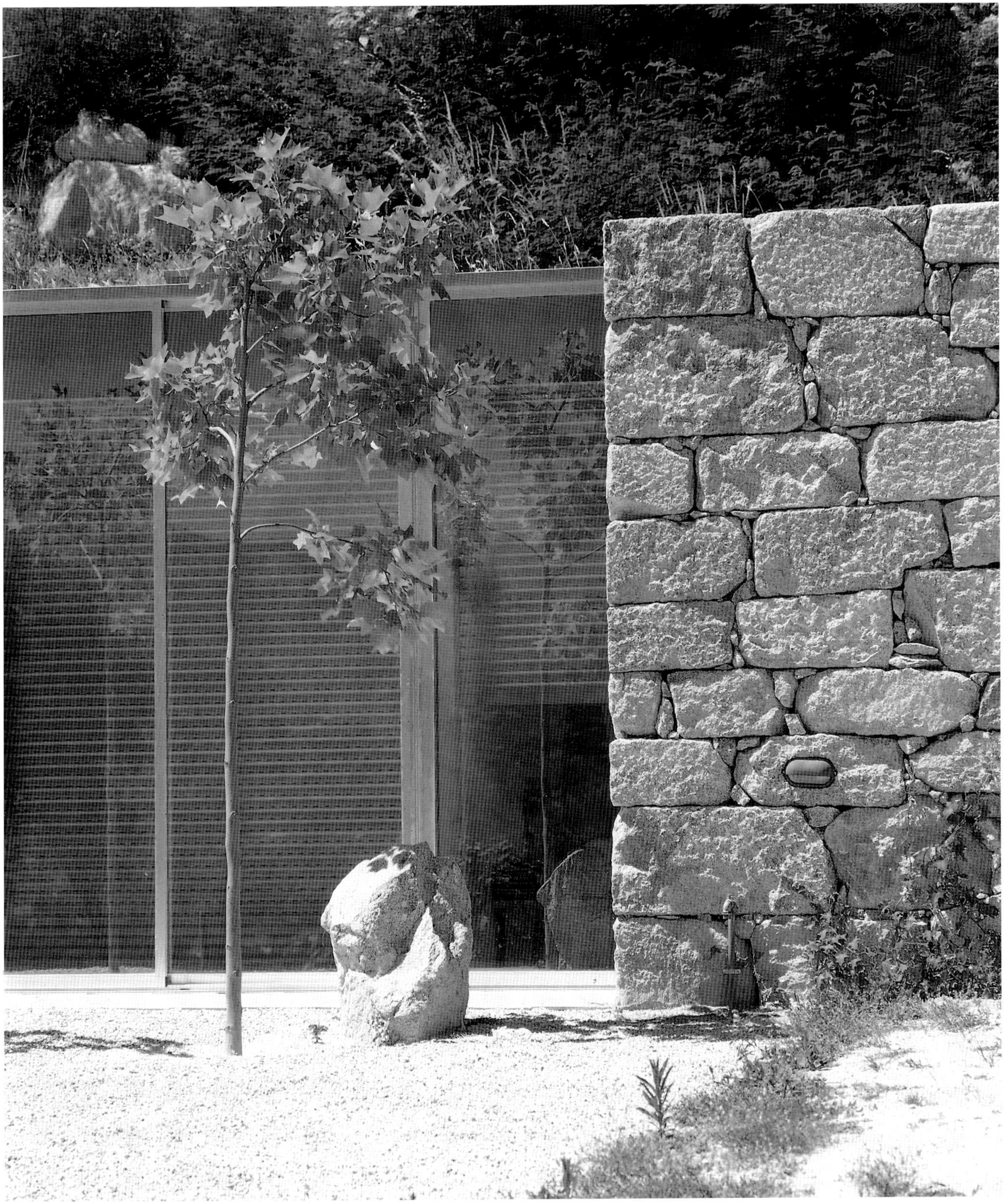

Secciones y alzados interiores y detalle del muro de contención y cerramientos

Sections and interior elevations and detail of the retaining wall and curtain wall

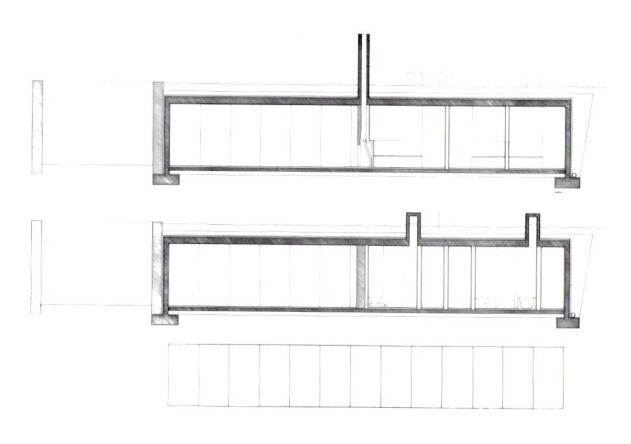

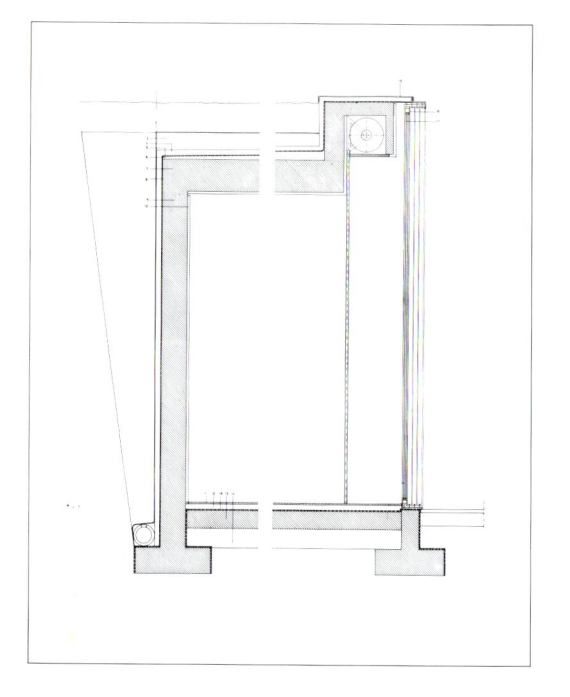

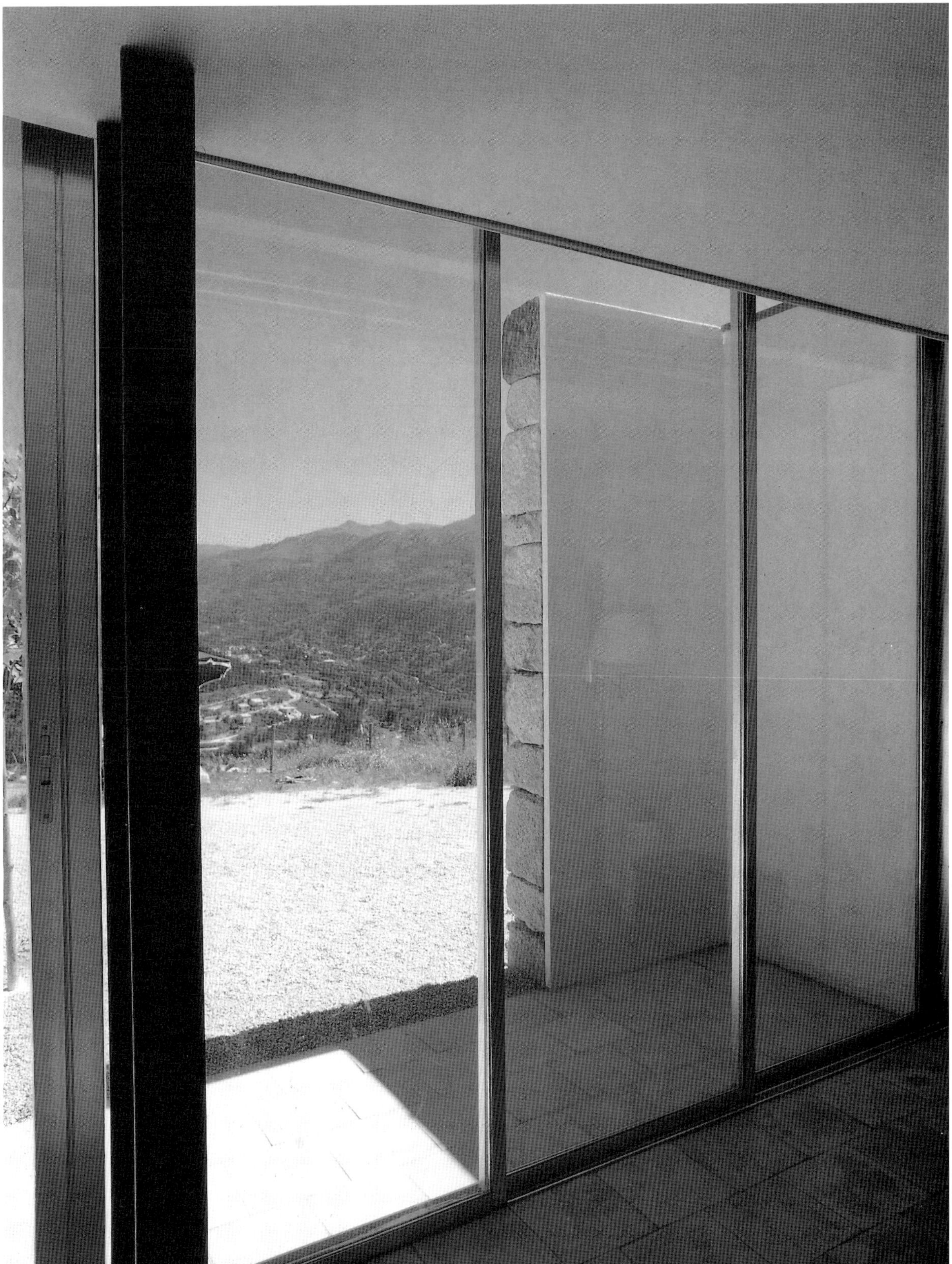

CRÉDITOS FOTOGRÁFICOS/PHOTOGRAPHS

Architectural Drawing Collection, University Art Museum, University of California, Santa Barbara
p. 21, 25

Archivio Gio Ponti, Milano
p.69

Archivio Pino Pizzigoni, Bergamo
p.75

Andrew Bartle
p. 50-53

Martin van Beeck
p. 111-113

Hughes Bigot
p. 27, 29

Reiner Blunck
p. 101-105

Cameracraft Truro, Richard Einzig, Daily Telegraph
p. 93-95

Lluís Casals
p. 46-49

Philip Chritofides, Amy Lelyveld
p. 123-125

Patrick Degommier, Kaj G. Lindholm
p. 31-35

Luis Ferreira Alves
p. 139-143

Fondation Le Corbusier, Paris/SPADEM
p. 28, 61, 127

J. Manuel Gallego
p. 97-99

Lars Hallèn/Design Press
p. 54-59

Instituto Amatller de Arte Hispánico/Arxiu Mas, Barcelona
p. 65-67

Elsie Kersten
p. 37-41

Aris Konstantinides
p. 12, 133-137

Netherlands Architecture Institute/Stiching Beeldrecht
erven Rietveld p. 23
erven Oud p. 63

Tomio Ohashi
p. 107-109

John de la Roche
p. 115-117

Tony Soluri
p. 129-131

Margherita Spiluttini
p. 43-45

Ezra Stoller/ESTO
p. 71, 72, 73, 83, 85-87, 91

Leigh Woolley
p. 116-117